STUDY AND REVISION GUIDE

Working for over 25 YEARS WITH Cambridge Assessment International Education

Cambridge IGCSE™

French

Paul Shannon

HODDER EDUCATION
AN HACHETTE UK COMPANY

This text has not been through the Cambridge Assessment International Education endorsement process.

The Publishers would like to thank the following for permission to reproduce copyright material.

Acknowledgements

Every effort has been made to trace all copyright holders, but if any have been inadvertently overlooked, the Publishers will be pleased to make the necessary arrangements at the first opportunity.

Although every effort has been made to ensure that website addresses are correct at time of going to press, Hodder Education cannot be held responsible for the content of any website mentioned in this book. It is sometimes possible to find a relocated web page by typing in the address of the home page for a website in the URL window of your browser.

Hachette UK's policy is to use papers that are natural, renewable and recyclable products and made from wood grown in well-managed forests and other controlled sources. The logging and manufacturing processes are expected to conform to the environmental regulations of the country of origin.

Orders: please contact Bookpoint Ltd, 130 Park Drive, Milton Park, Abingdon, Oxon OX14 4SE. Telephone: +44 (0)1235 827827. Fax: +44 (0)1235 400401. E-mail education@bookpoint.co.uk Lines are open from 9 a.m. to 5 p.m., Monday to Saturday, with a 24-hour message answering service. You can also order through our website: www.hoddereducation.com

ISBN: 978 1 5104 4803 2

© Paul Shannon 2019

First published in 2019 by
Hodder Education,
An Hachette UK Company
Carmelite House
50 Victoria Embankment
London EC4Y 0DZ

www.hoddereducation.com

Impression number   10 9 8 7 6 5 4 3 2 1

Year   2023 2022 2021 2020 2019

Cover photo © Adobe Stock

Illustrations by Barking Dog

Typeset in India

Printed in Spain

A catalogue record for this title is available from the British Library.

Contents

Hodder & Stoughton Limited © Paul Shannon

Introduction

Audio files and transcripts

Follow the link below to download audio files and transcripts for all the listening questions in this guide:

www.hoddereducation.co.uk/mfl_srg_audio

Exam overview

Below are details of the Cambridge IGCSE™ and IGCSE (9–1) French (0520/7156) examinations. There are four different papers, each worth 25% of the total IGCSE.

- ● Paper 1: Listening
- ● Paper 2: Reading
- ● Paper 3: Speaking
- ● Paper 4: Writing

Paper 1: Listening

- ● Marks: 40
- ● Time: 45 minutes
- ● There will be six recorded texts, each with one task.
- ● You will hear each text twice.
- ● The examination will begin with shorter statements, which build into short paragraphs and longer conversations.
- ● Task types are multiple-choice.

Paper 2: Reading

- ● Marks: 45
- ● Time: 1 hour
- ● There will be six tasks, each based around a collection of short texts or a longer single text.
- ● The tasks will require a combination of multiple-choice and short answers in French. Grammatical accuracy will not be assessed and correct spelling is not a requirement, as long as the response can be understood.

Paper 3: Speaking

- ● Marks: 40
- ● Time: 8–10 minutes, plus 10 minutes preparation time
- ● The examination is made up of three tasks, in two parts.
- ● Three distinct topics will be examined across these tasks.

Role play

- ● Marks: 10
- ● Time: approx. 2 minutes
- ● You must respond to five unsighted questions in a given situation.

Conversations (two)

- ● Marks: 30
- ● Time: approx. 4 minutes each
- ● You will discuss two topics selected at random.

Paper 4: Writing

- Marks: 45
- Time: 1 hour
- This section will consist of three writing tasks.
- For the first writing task you will be asked to complete gaps in a document.
- For the second writing task you will be asked to write 80–90 words in response to the question, addressing four bullet points.
- For the third writing task you will be able to choose from two questions. You will need to write 130–40 words in response to the question, addressing five bullet points.

How to use this book

This Study and Revision Guide covers the five topic areas from the Cambridge IGCSE syllabus, along with the key grammar required. The Guide follows the same structure as the Student Book, but each unit can equally be studied whenever it suits you best, i.e. you could use a section for pre-study, reinforcement or revision of any given topic at any time. See the Contents list to find section you are looking for.

The Guide covers key grammar points alongside topic-related vocabulary, which can be used to help you practise speaking and writing tasks as well as understanding listening and reading tasks. Each unit includes two examples of an examination-style task, one a worked example and one at the back of the book for you to work on individually. Answers are provided for all the tasks. As well as the examination-style tasks, each unit also has additional tasks to help improve your skills and abilities as you work towards the examination.

Throughout this Guide, there are **Revision tips** offering suggestions and ideas to help you revise, and make the most of your time while revising French. There is also a selection of **Common pitfalls** across the topic areas which will help you avoid typical mistakes. Alongside the examination tasks, there are **Exam tips** to help you focus on what is required for the different task types.

Work your way through this book, copying down any vocabulary or grammar points which you find particularly useful. Organise it in the way you find easiest to remember, perhaps using different colours to highlight significant items.

Here are some ideas to get you started:

Revision tips	Exam tips	Common pitfalls
1 Revise a topic once, then revisit it later, checking progress.	1 Check you know the time and venue of each of your four papers.	1 Use the correct register in speaking tasks, formal *vous* or informal *tu*.
2 Revise little and often — don't binge.	2 Read the question carefully — do not assume you know what is required of you.	2 Make sure your adjectives agree with the nouns they describe.
3 Mix up your revision by asking a friend or family member to test you on vocabulary.	3 Check you have answered every section or part of each question.	3 Know your French question words to avoid misunderstandings, *où ? quand ? comment ?* etc.

Key vocabulary

l'appartement (*m*)	flat	le logement	accommodation, housing
la banlieue	suburbs	à la montagne	in the mountains
au bord de la mer	by the sea	le pays	country
à la campagne	in the countryside	la pièce	room (in house)
au/en centre-ville	in the town centre	le quartier	district
la chambre	bedroom	la région	region
l'étage (*m*)	floor, storey	au rez-de-chaussée	on the ground floor
l'immeuble (*m*)	block of flats	la salle de bains	bathroom
industriel(le)	industrial	le salon	living room
le jardin	garden	touristique	popular with tourists
joli(e)	pretty	le village	village
jumelé(e)	twinned	la ville	town, city

Definite and indefinite articles Ⓖ

These agree with the noun in gender and number, but *le* and *la* are both shortened to *l'* before a vowel or mute *h*.

le cinéma	*un cinéma*	*l'école*	*une école*
l'appartement	*un appartement*	*les rideaux*	*des rideaux*
la gare	*une gare*		

The indefinite article after a negative usually changes to *de*:

*Nous avons **un** balcon. → Nous n'avons pas **de** balcon.*

*Il y a **des** magasins. → Il n'y a pas **de** magasins.*

Adjectival agreements

For many adjectives:

- add *-e* for the feminine singular
- add *-s* for the masculine plural
- add *-es* for the feminine plural

Here are few common exceptions in the feminine singular:

blanc → blanche	*cher → chère*	*faux → fausse*	*long → longue*	*public → publique*
bon → bonne	*favori → favorite*	*gentil → gentille*	*nouveau → nouvelle*	*sportif → sportive*

TEST YOURSELF QUESTION

Lisez cet extrait de blog où Julien décrit l'endroit où il habite. Complétez les phrases avec un mot français choisi dans la liste. Attention ! il y a sept mots de trop.

Ici Julien ! Moi, j'habite dans un grand appartement dans la banlieue de Marseille dans le sud de la France. J'adore y habiter car ce n'est pas loin de la mer et des magasins.

Chez moi, il y a six pièces. Le salon est grand et confortable. La cuisine est petite, mais ça va parce que nous avons également une salle à manger. Et puis il y a le bureau de mon père. Ensuite, nous avons deux chambres. C'est assez pour mon père, ma belle-mère et moi. Entre les deux chambres il y a

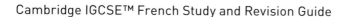

la salle de bains. Nous n'avons pas de cave car nous habitons au troisième étage, mais nous avons un garage près de l'immeuble.

Ma pièce préférée ? C'est le salon, sans aucun doute. Il est très clair avec une grande fenêtre qui donne sur un parc. Les murs bleu clair sont jolis aussi. Mais je ne passe pas beaucoup de temps dans le salon – c'est dommage !

banlieue	garage	immeuble	manger	parc	pièces
bureau	grand	magasins	mer	passer	salon
chambres	habite	maison	murs	petit	

1 Julien .... à Marseille.
2 L'appartement de Julien se trouve près de la ....
3 C'est bien d'avoir des .... près de l'appartement.
4 L'appartement possède un .... salon.
5 Le père de Julien a un .... dans l'appartement.
6 L'appartement comprend deux ....
7 L'appartement est situé au troisième étage d'un ....
8 Quand on regarde par la fenêtre, on voit le ....
9 Julien aime la couleur des ....
10 Julien voudrait .... plus de temps dans le salon.

REVISION TIP

Filling the gap: If you have to choose words from a list, make sure that they fit the grammatical context as well as having the right meaning. For example, if you are looking for a noun, is it masculine, feminine or plural? If you are looking for a verb, which tense and form does it need to be in?

Key vocabulary

l'armoire (*f*)	wardrobe	partager	to share
le balcon	balcony	passer	to spend (time)
le bureau	desk; office	pratique	convenient
la cave	cellar	ranger	to tidy
clair(e)	light	le rideau	curtain
confortable	comfortable	la salle à manger	dining room
la cuisine	kitchen	sombre	dark
le coin	corner	sympa	nice
en désordre	untidy	la terrasse	patio
discuter	to chat	se trouver	to be situated
l'endroit (*m*)	place	la vaisselle	washing-up
l'étagère (*f*)	shelf		
le lave-linge	washing machine		
le lave-vaisselle	dishwasher		

Present tense of regular -er verbs and common irregular verbs

G

habiter	être	aller	avoir	faire
j'habite	je suis	je vais	j'ai	je fais
tu habites	tu es	tu vas	tu as	tu fais
il/elle/on habite	il/elle/on est	il/elle/on va	il/elle/on a	il/elle/on fait
nous habitons	nous sommes	nous allons	nous avons	nous faisons
vous habitez	vous êtes	vous allez	vous avez	vous faites
ils/elles habitent	ils/elles sont	ils/elles vont	ils/elles ont	ils/elles font

Prepositions of place

- *à côté de* next to
- *au-dessus de* above
- *dans* in
- *derrière* behind
- *devant* in front of
- *entre* between
- *près de* near
- *sous* under
- *sur* on

TEST YOURSELF QUESTION

1 Reliez chaque réponse à la question qui convient le mieux.
2 Inventez une réponse différente à chaque question.

Questions
1 Où est le salon chez toi ?
2 Que fais-tu dans le salon ?
3 Où manges-tu normalement ?
4 Tu partages ta chambre avec ton frère/ta sœur ?
5 Qu'est-ce que tu as dans ta chambre ?
6 Tu ranges souvent ta chambre ?
7 Comment est la décoration dans ta chambre ?
8 Il y a une belle vue ?

Réponses
a Dans la cuisine, où nous avons une grande table.
b J'ai mon lit, bien sûr, une table avec mon ordinateur et des étagères.
c Il est au rez-de-chaussée.
d Non. Elle est toujours en désordre.
e Oui. Ma chambre donne sur notre jardin avec tous les arbres.
f Je regarde la télé ou j'écoute de la musique.
g Non. C'est ma chambre à moi toute seule.
h Sympa. J'aime bien la couleur des rideaux.

COMMON PITFALLS

Take care to distinguish between words ending with the silent letter -e such as *grande* and *table* and those ending with the pronounced letter -é such as *télé* and *chaussée*. This is particularly important with verb endings: *écoute* conveys a present tense meaning but *écouté* conveys a past (perfect) tense meaning.

REVISION TIP

In a general conversation, listen carefully to the question word.
Make sure you know what all the common question words mean. With yes/no questions, begin by saying *oui* or *non* and then add a comment or explanation.

EXAM-STYLE QUESTION

Chez moi

- Où habitez-vous ? (en ville ? à la campagne ?)
- Décrivez votre chambre.
- Qu'est-ce que vous ferez chez vous le weekend prochain ?
- Aimez-vous votre maison ou votre appartement ? Pourquoi (pas) ?

Écrivez 80-90 mots **en français**.

Sample answer

J'habite à la campagne. J'habite dans une grande ferme, près d'un joli village. J'habite à 10km de la prochaine ville.

This is the right length and includes appropriate detail, but the repetition of *J'habite* is unnecessary. You should use other constructions such as *Ma famille a...* and *Ma ferme se trouve... .*

Ma chambre est assez grande, mais je la partage avec ma sœur et je déteste ça. L'armoire et les étagères sont toujours en désordre.

A very good paragraph which includes a range of vocabulary and different verb forms. The correct use of the pronoun *la* is also good.

Le weekend, je fais mes devoirs dans le salon et je joue sur l'ordinateur. S'il fait beau, je vais dans le jardin.

This is in the wrong tense. There are two clues indicating that it should be future: *ferez* and *prochain*. Apart from that, the use of a *si* clause is good.

J'aime bien ma ferme. Elle est vieille mais confortable avec beaucoup de pièces. C'est peut-être un peu trop calme.

This is a good paragraph, but the last sentence needs a linking word such as *pourtant* to show that it contrasts with the previous sentence. The first two sentences could also be linked with *parce que*.

Turn to page 106 for more practice of this style of writing question.

EXAM TIP

In the 80–90 word writing task, it is a good idea to divide your answer into four roughly equal paragraphs, one for each bullet point.

1.2 My school

Key vocabulary

l'anglais (*m*)	English	**les sciences** (*f*)	science
la biologie	biology	**la technologie**	technology
la chimie	chemistry	**apprendre**	to learn
le dessin	art	**le cours**	lesson
l'EPS (*f*)	PE	**l'emploi** (*m*) **du temps**	timetable
l'espagnol (*m*)	Spanish	**étudier**	to study
le français	French	**la journée**	(activities during) day
la géographie	geography	**la leçon**	lesson
l'histoire	history	**la permanence**	study period
l'informatique	IT	**la récréation**	break
les langues (*f*) **vivantes**	modern languages	**la rentrée**	start of new school year
les maths (*f*)	maths	**scolaire**	(relating to) school
la physique	physics		

Days and times

Use *le* with days of the week (when speaking generally) and parts of the day:

le vendredi	on Friday(s)
le matin	in the morning(s)
le samedi après-midi	on Saturday afternoon(s)

Use *à* with clock times:

à huit heures vingt	at twenty past eight
à minuit	at midnight

Reflexive verbs

Remember to change the reflexive pronoun as well as the verb ending, as in these examples:

s'amuser
je m'amuse
tu t'amuses
il/elle/on s'amuse
nous nous amusons
vous vous amusez
ils/elles s'amusent

se détendre
je me détends
tu te détends
il/elle/on se détend
nous nous détendons
vous vous détendez
ils/elles se détendent

TEST YOURSELF QUESTION

Écoutez Laurence nous parler de sa journée scolaire. Complétez les phrases avec un mot de la liste.

1 Laurence se .... à sept heures moins le quart.
2 Elle se lève à .... heures.
3 Elle .... la maison à sept heures vingt.
4 Quand Laurence arrive au collège, elle .... avec ses copines.
5 Les cours commencent à .... heures.
6 Elle a deux cours .... la pause-déjeuner.
7 Le dernier cours finit à cinq heures et ....
8 Laurence arrive à la maison à six heures .... le quart.
9 Chez Laurence, on .... vers sept heures et demie.
10 Elle se .... vers dix heures.

après	huit	moins	quart	réveille
couche	mange	parle	quitte	sept

REVISION TIP

In a listening test the questions are normally in the same order as the recording. If you have listened to several sentences and have not found the answer to the first question, you have probably gone wrong.

It is illegal to photocopy this page

Key vocabulary

le bâtiment	building		**le vestiaire**	cloakroom
la bibliothèque	library		**la sixième**	Year 7
le CDI	library		**la cinquième**	Year 8
le couloir	corridor		**la quatrième**	Year 9
la cour	playground		**la troisième**	Year 10
le foyer	common room; hall		**la seconde**	Year 11
le gymnase	gymnasium		**la première**	Year 12
le laboratoire	laboratory		**la terminale**	Year 13
le lycée	secondary school (15–18)		**l'élève** (*m/f*)	pupil
la piscine	swimming pool		**l'examen** (*m*)	examination
le réfectoire	dining room		**la matière**	school subject
la salle de classe	classroom		**le surveillant**	supervisor
la salle des professeurs	staff room		**l'uniforme** (*m*)	uniform
le terrain de sport	sports field			

Prepositions and adverbs of place

Use the following prepositions to describe the position of something or someone:

à droite de	to the right of
à gauche de	to the left of
en face de	opposite
entre	between
à côté de	next to
au fond de	at the end of

You can also use the following adverbs:

à droite	on the right
à gauche	on the left
en face	opposite
à côté	nearby
au fond	at the far end
au rez-de-chaussée	on the ground floor
au premier étage	on the first floor

TEST YOURSELF QUESTION

Lisez ce texte où Zoé parle de son collège. Choisissez les cinq phrases vraies.

Mon collège se trouve dans un village dans le midi de la France. Il y a plus de 750 élèves et 50 professeurs. Nous avons un assez grand bâtiment qui est situé en face de la mairie. Le collège a été construit dans les années 80.

Au rez-de-chaussée, il y a la réception, le bureau de la directrice, deux autres bureaux, la salle des professeurs et plusieurs salles de classe. Au fond du couloir, on arrive au CDI, qui est tout nouveau. L'ancien CDI était trop petit. La cuisine et le réfectoire se trouvent à côté du CDI.

La plupart des salles de classe sont situées au premier étage. Nous avons quatre laboratoires de sciences et une salle d'informatique bien équipés. C'est bien parce que l'informatique est ma matière préférée. Il y a deux escaliers – un en face de la salle d'informatique et l'autre au fond du bâtiment. On va peut-être installer un ascenseur.

Derrière le bâtiment, il y a le terrain de sport. On peut y jouer au foot et au hockey. Quant à la piscine la plus proche, elle se trouve dans une ville voisine. Je trouve que c'est dommage car j'aime nager.

À gauche du bâtiment, il y a la cour où nous bavardons pendant la récréation. C'est très agréable quand il fait beau, mais je préfère rester à l'intérieur par temps de pluie. Le collège dispose aussi d'un parking, mais il n'est pas assez grand pour toutes les voitures.

A Le collège de Zoé accueille moins de 750 élèves.
B La mairie se trouve en face du collège.
C Le collège existe depuis plus de 30 ans.
D Le bureau de la directrice est au premier étage.
E Il y a des salles de classe au rez-de-chaussée et au premier étage.

F Le CDI est petit.
G Zoé préfère l'informatique aux autres matières.
H L'ascenseur est situé au fond du bâtiment.
I La piscine se trouve derrière le terrain de sport.
J Zoé n'aime pas sortir quand il pleut.
K Le collège ne possède pas de parking.

REVISION TIP

Handling unfamiliar vocabulary. In reading texts you can expect to come across some words that you don't know. Try to work out from the context what any unfamiliar words might mean, but don't spend too long on this. It is better to concentrate on the words that you know.

EXAM-STYLE QUESTION

You must carry out the task specified in the situation below. The roles to be played by the examiner and yourself are indicated. The important thing is to convey the message. In the exam you will not see the questions; you will only see the situation and then you will respond to the examiner's questions as you hear them.

Jeu de rôle

Vous venez d'arriver chez votre ami(e) français(e). Vous discutez de la vie scolaire.

Candidat(e) : vous-même

Professeur(e) : ami(e) français(e)

Le/La professeur(e) va commencer la conversation.

Répondez à toutes les questions.

1 Quelle est ta matière préférée au collège ?
2 D'habitude, que fais-tu pendant la pause-déjeuner ?
3 Quel jour préfères-tu au collège ? Pourquoi ?
4 Qu'est-ce que tu as fait pendant ton dernier cours de français ?
5 Moi, je vais au collège aujourd'hui. Tu veux venir avec moi ? Pourquoi (pas) ?

Sample answer

1 Ma matière préférée, c'est la chimie parce que j'aime faire des expériences.

Both parts of the question are answered successfully.

2 S'il fait beau, je vais dans la cour avec mes copines. S'il fait mauvais, je préfère lire dans le CDI.

This is a very good answer which includes *si*-clauses and an infinitive construction with *préférer*.

3 Je préfère le dimanche parce que je peux me détendre à la maison.

The French is good, but the student has misunderstood the question and not referred to a school day. A better answer would be, for example: *Je préfère le mercredi parce que j'ai deux heures de sport.*

4 J'écoute le prof et je fais des jeux de rôle avec une autre élève. On s'amuse.

This would have been a good answer to the question *Qu'est-ce que tu fais… ?* but here the verbs all needed to be in the perfect tense, i.e. *j'ai écouté, j'ai fait, on s'est bien amusé(e)s*.

5 Oui, je veux bien. Ce sera intéressant, mais je ne comprendrai pas tout.

Another very good answer, where the student includes two verbs in the future tense.

Turn to page 106 for more practice of this style of speaking question.

1.3 My eating habits

Key vocabulary

boire	to drink	**les pâtes** (*f*)	pasta
la boisson	drink	**le petit déjeuner**	breakfast
le déjeuner	lunch	**le poisson**	fish
le dessert	dessert, pudding	**le poulet**	chicken
le diner	evening meal	**prendre**	to have (food, drink)
le fromage	cheese	**le repas**	meal
le gâteau	cake	**le riz**	rice
le gouter	afternoon snack	**la salade**	salad
le jus d'orange	orange juice	**salé(e)**	savoury
le lait	milk	**la santé**	health
les légumes	vegetables	**sucré(e)**	sweet
la nourriture	food	**la tartine**	bread with spread

Partitive article and expressions of quantity

To translate 'some' as in 'some bread' or 'some carrots', you use the partitive article:

du pain   *de la salade*   *de l'eau*   *des carottes*

With most expressions of quantity, and after a negative, you use *de* instead:

*deux tranches **de** pain*   *beaucoup **de** salade*   *un peu **d'**eau*   *pas **de** carottes*

TEST YOURSELF QUESTION

Voici des réponses à des questions sur la nourriture et les repas.
Complétez chaque réponse avec *de*, *d'*, *du*, *de la*, *de l'* ou *des*.

1 Je bois toujours .... eau au déjeuner.
2 En été, je mange beaucoup .... fruits.
3 Je vais prendre .... tartines et un jus d'orange.
4 Ma sœur ? Elle boit .... thé après l'école.
5 Mes parents ? Ils mangent toujours .... salade verte.
6 Nous allons prendre .... poisson.
7 Nous ne mangeons pas .... viande.
8 Mon frère ne mange rien parce qu'il n'a pas assez .... temps.

Inventez une question différente pour chaque réponse.

Exemple : 1 Qu'est-ce que tu bois au déjeuner ?

COMMON PITFALLS

Practise the pronunciation of common question words, especially *Qu'est-ce que…*, which is pronounced 'kesk(e)'. Take particular care not to confuse *qui* with *que*.

REVISION TIP

Many questions will be in the *tu* form and can be answered in the *je* form. But look out for different types of question, for example those in the *vous* form that can be answered in the *nous* form.

Key vocabulary

l'alimentation (*f*)	nutrition, food	**équilibré(e)**	balanced
la boisson gazeuse	fizzy drink	**étranger (-ère)**	foreign
le choix	choice	**éviter**	to avoid
consommer	to consume	**frais (fraiche)**	fresh
la cuisine	(style of) cooking	**le gout**	taste
délicieux (-euse)	tasty	**gras(se)**	fatty
épicé(e)	spicy	**grignoter**	to snack

malsain(e)	unhealthy	**sain(e)**	healthy
piquant(e)	hot (spicy)	**varié(e)**	varied
le plat	dish (type of food)	**végétarien(ne)**	vegetarian
le plat préparé	ready meal	**la viande**	meat
le régime	diet		

Comparisons

To compare two nouns, use the comparative form of the adjective, which for most adjectives includes the word *plus*:

> *Les fruits sont **plus** sains **que** les pommes frites.*
>
> *Un curry est **plus** épicé **qu'**une omelette.*

A few common adjectives have a single-word comparative form:

> *À mon avis, la cuisine française est **meilleure que** la cuisine britannique.*

TEST YOURSELF QUESTION

Écoutez deux fois Samira qui parle de ce que sa famille va manger ce weekend. Lisez les phrases et décidez si chaque phrase est vraie ou fausse. Si elle est fausse, corrigez-la.

1 Samira va bien manger ce weekend.
2 Les cousins de Samira vont venir chez elle.
3 Samedi à midi, ils vont manger des légumes avec du poisson.
4 Samira pense que la viande est meilleure pour la santé.
5 Samira aime les glaces.
6 Samira préfère les yaourts.
7 Samira trouve les pâtes en sauce plus gouteuses qu'une pizza.
8 Dimanche, le père de Samira va préparer le déjeuner.
9 Samira aime la cuisine épicée.
10 Dimanche soir, la famille va manger un repas chaud.
11 Samira préfère les plats préparés.

REVISION TIP

Make sure you read the questions carefully before you start listening to the recording. Highlight key words that will help you to locate each answer.

EXAM-STYLE QUESTION

Lisez l'e-mail. Pour chaque question, **cochez** (✓) la case qui correspond à la bonne réponse.

Salut !

Je viens de passer quinze jours chez ma cousine Olivia au Québec. J'ai trouvé les repas vraiment intéressants. La première différence, ce sont les noms des repas : par exemple j'ai appris que le premier repas de la journée est le déjeuner, pas le petit déjeuner. Et à midi Olivia et sa famille dine, alors que leur repas du soir s'appelle le souper. Ce qui m'a frappé aussi, c'est que les Québécois mangent si tôt le soir.

Nous sommes allés au restaurant plus souvent que chez nous. Le meilleur repas, c'était dans un petit restaurant de la rue Saint-Jean. C'est là qu'Olivia a pris du sucre à la crème suivi d'un gros morceau de gâteau aux carottes ! Moi, je ne pouvais plus rien manger après la viande fumée, qui était savoureuse d'ailleurs. À part ça, nous avons diné dans un restaurant chinois et, un autre jour, au «Hot-Dog Café» – mais sans chien !

Guy

1 Guy...
   A a invité sa cousine. ☐
   B est allé voir sa cousine. ☐
   C est parti en vacances avec sa cousine. ☐ [1]
2 La famille d'Olivia mange le « déjeuner »...
   A le matin. ☐
   B à midi. ☐
   C le soir. ☐ [1]
3 Guy a été étonné de manger le « souper »...
   A tard dans la journée. ☐
   B très rapidement. ☐
   C de bonne heure. ☐ [1]
4 Guy et Olivia sont allés au restaurant...
   A une fois. ☐
   B plusieurs fois. ☐
   C tous les jours. ☐ [1]

5 Olivia...
   A a choisi les mêmes plats que Guy. ☐
   B a pris un repas équilibré. ☐
   C a mangé deux desserts. ☐ [1]
6 Guy...
   A n'a pas pu manger de viande fumée. ☐
   B a apprécié la viande fumée. ☐
   C a choisi son dessert après avoir mangé la viande fumée. ☐ [1]
7 Au « Hot-Dog Café », ...
   A il n'y avait pas de chien. ☐
   B Guy a aimé le chien. ☐
   C Guy n'a pas aimé le chien. ☐ [1]

[Total : 6]

Sample answer

1 *C*

The correct answer is B. The student has perhaps not identified the difference between *chez*, meaning 'at someone's house or flat', and *avec*, which implies going to another place with someone.

2 *A*

Correct. The student has understood the third sentence which tells us that *le déjeuner* is the first meal of the day.

3 *A*

The correct answer is C. The student has perhaps not understood *tôt* which is a synonym for *de bonne heure*.

4 *B*

Correct. The student has understood that the second paragraph refers to three restaurant visits, which corresponds to *plusieurs fois*.

5 *B*

The correct answer is C. The student has perhaps not understood that *équilibré* means 'balanced', and eating two desserts cannot be described as balanced.

6 *B*

Correct. The student has understood that *savoureuse* has a positive meaning and has also understood that Guy ate nothing else after the smoked meat.

7 *C*

The correct answer is A. The student has perhaps not understood *sans* meaning 'without'.

EXAM TIP

In reading comprehension tasks, look out for synonyms and near-synonyms. Examiners are not trying to trick you, but they are testing your knowledge of vocabulary as part of the examination.

Turn to page 106 for more practice of this style of reading question.

Key vocabulary

avoir chaud	to feel hot	**le ventre**	stomach
avoir froid	to feel cold	**le comprimé**	pill, tablet
avoir mal	to be in pain	**faire mal**	to hurt
avoir la nausée	to feel sick	**la fièvre**	(high) temperature
avoir sommeil	to feel sleepy	**en forme**	in (good) shape
le bras	arm	**la grippe**	flu
les dents (*f*)	teeth	**la maladie**	illness
le dos	back	**le/la médecin**	doctor
l'estomac (*m*)	stomach	**se reposer**	to rest
le genou	knee	**se sentir**	to feel (well, unwell etc.)
la gorge	throat	**tousser**	to cough
la jambe	leg	**vomir**	to be sick
la tête	head		

Depuis Ⓖ

The word *depuis*, meaning 'for' or 'since', is normally used with the present tense to say how long, or since when, something has been happening. The present tense is logical because the action is still going on.

> *Je suis malade depuis une semaine.*
> I have been ill for a week (and am still ill now).

> *Vous avez mal à la tête depuis hier ?*
> Have you had a headache since yesterday (and do you still have a headache)?

COMMON PITFALLS

When writing about illness and injury, remember to use the verb *être* with the adjective *malade* and the verb *avoir* with all expressions using *mal*:

Je suis malade. ✓
(**not** *J'ai malade* ✗)
J'ai mal à la jambe. ✓
(**not** *Je suis mal à la jambe* ✗).

TEST YOURSELF QUESTION

Pour chaque image, écrivez une phrase pour expliquer votre problème. Vous pouvez utiliser les mots de la case.

1   2    3    4    5    6

bras	dents	fièvre	gorge	tête	ventre

REVISION TIP

When combining the prepositions *à* and *de* with the definite article, remember:

- *à + le = au*
- *à + les = aux*
- *de + le = du*
- *de + les = des*

Key vocabulary

l'ascenseur (*m*)	lift		**l'habitude** (*f*)	habit
avoir besoin de	to need		**s'inquiéter**	to be worried
bouger	to move, to be active		**la musculation**	body building, weight training
le centre sportif	fitness centre		**la natation**	swimming
courir	to run		**paresseux (-euse)**	lazy
se détendre	to relax		**participer à**	to take part in
s'entrainer	to train		**la piscine**	swimming pool
l'entrainement (*m*)	training		**la piste**	track
l'escalier (*m*)	stairs		**quotidien(ne)**	daily, everyday
l'exercice (*m*)	exercise		**régulièrement**	regularly
faire attention à	to be careful about		**la salle de gym**	fitness room
fatigant(e)	tiring		**sportif (-ive)**	sporty

Common irregular verbs G

prendre	*boire*	*dormir*	*savoir*	*devoir*
je prends	je bois	je dors	je sais	je dois
tu prends	tu bois	tu dors	tu sais	tu dois
il/elle/on prend	il/elle/on boit	il/elle/on dort	il/elle/on sait	il/elle/on doit
nous prenons	nous buvons	nous dormons	nous savons	nous devons
vous prenez	vous buvez	vous dormez	vous savez	vous devez
ils/elles prennent*	ils/elles boivent*	ils/elles dorment*	ils/elles savent*	ils/elles doivent*

* Remember that the -*ent* is silent.

TEST YOURSELF QUESTION

Lisez le texte. Choisissez les cinq phrases qui sont vraies selon le texte.

Je m'appelle Zach. J'ai un régime alimentaire très équilibré. C'est important parce que je participe à des concours sportifs – je fais de la course à pied, de la natation et du cyclisme – et j'ai besoin de beaucoup d'énergie. Mais je sais que je dois boire plus d'eau. En ce moment, je préfère les boissons sucrées qui sont moins bonnes pour la santé.

Normalement, je me lève tôt pour aller m'entrainer avant le petit déjeuner. Je vais au centre sportif à côté de chez moi. Là, je retrouve mon copain Clément et nous faisons de la musculation pendant une demi-heure. Et puis le soir après l'école, trois fois par semaine, je fais de la natation. Les autres jours, j'ai trop de devoirs.

Le weekend, je pars souvent avec mon club de triathlon. Quand nous n'avons pas de concours je me détends à la maison. Je me passionne pour la lecture et les échecs – ça fait du bien de me reposer aussi !

1 Zach mange trop.
2 Zach fait plusieurs sports.
3 Zach boit assez d'eau.
4 Zach pense que les boissons sucrées sont saines.
5 Zach prend le petit déjeuner après son entrainement.
6 Zach s'entraine avec son copain Clément.
7 Zach nage régulièrement.
8 Zach va à la piscine avant de faire ses devoirs.
9 Zach préfère se détendre le samedi et le dimanche.
10 Zach aime lire.

EXAM-STYLE QUESTION

Vous allez entendre deux fois une conversation entre Alice et Martin au sujet d'une vie saine. Choisissez l'affirmation (**A-F**) qui correspond à chaque activité.

Pour chaque activité, écrivez la bonne lettre (**A-F**) dans l'espace approprié. Vous avez d'abord quelques secondes pour lire les informations ci-dessous.

Activité		L'affirmation
aller au centre sportif	....	A Ça dépend du temps qu'il fait.
faire du jogging	....	B Je n'ai pas assez de temps.
jouer au tennis	....	C C'est pour les vacances.
manger	....	D C'est loin.
se reposer	....	E Ce n'est pas cher.
		F Ce n'est pas équilibré.

[Total : 5]

Sample answer

aller au centre sportif B

The correct answer is D. The student has perhaps not made the link between *pas à côté* and *loin*, which have a similar meaning.

manger F

Correct. The student has understood that *trop de pain et de gâteaux et pas assez de fruits et de légumes* has a similar meaning to *pas équilibré*.

faire du jogging A

Correct. The student has understood that the noun *temps* when used with the verb *faire* means 'weather' and has made the correct link with *il pleut* and *il gèle*.

se reposer D

The correct answer is B. The student has perhaps not understood the word *loin*, which means 'far'.

jouer au tennis E

The correct answer is C. The student has perhaps not realised that *après la fin de l'année scolaire* and *les vacances* refer to the same part of the year.

EXAM TIP

In this kind of reading comprehension task, be prepared to go back and change an earlier answer if when you come to a later question you find you need one of the answers already used.

Turn to page 107 for more practice of this style of listening question.

Key vocabulary

l'animal (*m*) (animaux)	animal, pet	le lapin	rabbit
le chat	cat	les lunettes (*f*)	glasses
le cheval	horse	mince	thin
les cheveux (*m*)	hair	la personne	person
le chien	dog	la petite-fille	granddaughter
le copain/la copine	friend	le petit-fils	grandson
le demi-frère	half-brother; stepbrother	le poisson rouge	goldfish
la demi-sœur	half-sister; stepsister	ressembler à	to look like
s'entendre avec	to get on with	le serpent	snake
la fille	daughter	la souris	mouse
le fils	son	de taille moyenne	of average height
jumeau (jumelle)	twin	les yeux (*m*)	eyes

Possessive adjectives

G

The main thing to remember is that in French there is no difference between 'his', 'her' and 'its'. What counts is the gender of the noun that follows.

	Masculine	Feminine	Plural
my	*mon père*	*ma mère*	*mes parents*
your (singular)	*ton père*	*ta mère*	*tes parents*
his, her, its	*son père*	*sa mère*	*ses parents*
our	*notre père*	*notre mère*	*nos parents*
your (plural/polite)	*votre père*	*votre mère*	*vos parents*
their	*leur père*	*leur mère*	*leurs parents*

Asking 'what' questions

If 'what' refers to a verb, you can normally use *Qu'est-ce que*:

> ***Qu'est-ce que** tu **fais**? **Qu'est-ce que** ta souris **mange**?*

If 'what' refers to a noun, you can normally use *Quel(le)(s)*:

> ***Quel** âge a-t-elle? **Quels** sont ses **animaux** préférés?*

REVISION TIP

If you are short of things to say, try using a negative expression to extend your answer, e.g. *Elle ne porte pas de lunettes*.

COMMON PITFALLS

Learn how to pronounce adjectives in the masculine and feminine forms. Often the addition of the feminine ending -*e* means that you must pronounce the consonant before it, e.g. *grande*, *petite*, *grise*.

grand(e)	bleus	noirs
petit(e)	bruns	blonds
de taille moyenne	cheveux	lunettes
	longs	barbe
yeux	courts	

Décrivez chaque personne. Vous pouvez utiliser les mots de la case.

Key vocabulary

agréable	pleasant		**mignon(ne)**	cute
bruyant(e)	noisy		**paresseux (-euse)**	lazy
casse-pieds	a nuisance, a pain		**sévère**	strict
compréhensif (-ive)	understanding		**sympa**	nice
courageux (-euse)	brave		**travailleur (-euse)**	hardworking
désagréable	unpleasant		**le contraire**	opposite
égoïste	selfish		**les bêtises** (*f*)	silly things
énervant(e)	annoying		**le défaut**	fault
généreux (-euse)	generous		**se disputer**	to argue
gentil(le)	kind		**pareil**	similar, the same
honnête	honest		**la qualité**	quality
jaloux (-ouse)	jealous		**les rapports** (*m*)	relationship(s)
méchant(e)	badly behaved, naughty (child)			

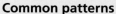

Irregular adjectives

G

Common patterns

Some adjectives are irregular but follow a predictable pattern:

Adjectives ending in *-eux* normally have a feminine form ending in *-euse*.

> *Il est paresseux. Elle est paresseuse.*

Adjectives ending in *-if* normally have a feminine form ending in *-ive*.

> *Il est sportif. Elle est sportive.*

Some adjectives ending in a single consonant double it in the feminine form.

> *Il est gentil. Elle est gentille.*
> *Il est mignon. Elle est mignonne.*
> *Il n'est pas gros. Elle n'est pas grosse.*

Position of adjectives

Most adjectives, including all those describing colours, go after the noun:

> *les yeux **bleus***   *une fille **travailleuse***

A number of commonly used adjectives go before the noun:

> *le **petit** chien*   *mon **nouveau** demi-frère*   *une **bonne** attitude*

TEST YOURSELF QUESTION

Lisez l'e-mail suivant, puis répondez aux questions en français.

> Salut !
>
> Tu m'as posé des questions sur ma famille. Alors, je te la présente :
>
> D'abord, ma mère et mon beau-père. Ils s'appellent Chloé et Julien. Ils sont tous les deux grands, mais ma mère est plus mince que mon beau-père. Ma mère a quarante-quatre ans et mon beau-père a quatre ans de plus. Ma mère porte toujours des lunettes, mais mon beau-père ne porte des lunettes que pour lire le journal ou conduire.
>
> Tu sais déjà que j'ai un frère, Nathan. Il est plus jeune que moi et on s'entend bien. Ça m'énerve un peu quand il fait des bêtises, mais il est aussi très généreux. Il y a aussi ma demi-sœur, Hélène, qui a vingt ans. Je ne la vois pas souvent parce qu'elle fait des études à l'université. Elle est gentille mais un peu trop sérieuse pour moi. Elle a un nouveau petit ami qui s'appelle David.
>
> Et toi, comment est ta famille ?
>
> Thomas

1 Comment s'appelle le beau-père de Thomas ?
2 Qui est mince ?
3 Quel âge a le beau-père de Thomas ?
4 Qui porte quelquefois des lunettes ?
5 Avec qui est-ce que Thomas s'entend bien ?
6 Pourquoi est-ce que Thomas s'entend bien avec cette personne ?
7 Pourquoi est-ce que Thomas ne passe pas beaucoup de temps avec sa demi-sœur ?
8 Quel aspect de la personnalité de sa demi-sœur est-ce que Thomas n'aime pas ?
9 Qui est David ?

REVISION TIP

When answering reading questions in French, you do not necessarily have to write in full sentences. Just give the necessary information to answer the question. If you write too much, there is a danger that you will include irrelevant material.

EXAM-STYLE QUESTION

Ma famille et mes amis

- Décrivez votre famille.
- Avec quel membre de votre famille est-ce que vous vous entendez le mieux ? Pourquoi ?
- Quelles sont les qualités d'un(e) bon(ne) ami(e) ?
- Qu'est-ce que vous avez fait récemment avec vos amis ?

Écrivez 80-90 mots **en français**.

Sample answer

Dans ma famille, il y a quatre personnes. Dans ma famille, il y a mon père, mes deux sœurs et moi. L' une de mes sœurs est plus âgée que moi, l'autre est plus jeune.

The repetition of *Dans ma famille, il y a* is unnecessary and it would be better to omit the first sentence altogether. The third sentence gives useful extra detail.

Je m'entends très bien avec ma sœur ainée, mais moins bien avec mon autre sœur, car je la trouve trop bruyante.

There is plenty of good French here, especially the use of the pronoun *la*. However the student has not addressed the bullet point correctly – it should be about why the student gets on well with a particular family member.

Un bon ami doit être patient, optimiste et surtout gentil. C'est bien quand on ne se dispute pas tout le temps.

This is an excellent, concise response to the bullet point. The use of *se disputer* in the negative form is particularly good.

Récemment, je suis allée en ville avec ma famille. Nous avons acheté des vêtements et nous avons mangé au restaurant. Nous nous sommes bien amusés.

The student has included a good range of different verbs in the perfect tense, with correct agreements where necessary. Unfortunately, however, the student has referred to family instead of friends.

EXAM TIP

In the 80–90-word writing task, check that your verbs are in the correct tense. Watch out for any bullet points requiring an answer in the past or future.

Turn to page 107 for more practice of this style of writing question.

Key vocabulary

se détendre	to relax	**lire**	to read
le documentaire	documentary	**le magazine**	magazine
l'émission (*f*)	television programme	**marrant(e)**	funny
énormément	hugely	**passionnant(e)**	exciting
envoyer	to send	**le portable**	mobile phone
faire du jardinage	to do gardening	**préféré(e)**	favourite
faire la cuisine	to cook	**préférer**	to prefer
faire la grasse matinée	to have a lie in	**le roman**	novel
le feuilleton	soap opera, television series	**surfer sur Internet**	to surf the web
génial(e)	great	**tchatter**	to chat (online)
le journal	newspaper	**le temps libre**	free time
le livre électronique	e-book	**le texto**	text message

Verb constructions

The verbs *aimer* and *préférer* are often followed by a verb in the infinitive form, without a preposition:

> *Tu aimes **lire** ? Non, je préfère **regarder** la télévision.*

Other common verbs that work in the same way include *adorer* and *détester*:

> *Nous adorons **jouer** du piano. Ma famille déteste **faire du jardinage**.*

The verb *jouer* is followed by *de* when connected with a musical instrument and *à* when connected with a game or sport:

> *Tu joues **du violon** ? Elle joue **à des jeux vidéo**.*

TEST YOURSELF QUESTION

Lisez le message. Ensuite, lisez les phrases et décidez si chaque phrase est vraie ou fausse. Si elle est fausse, corrigez-la.

Salut Max,

Tu m'as demandé comment ma famille et moi passons notre temps à la maison. Alors, pour commencer, je reste souvent dans ma chambre parce qu'il y a trop de bruit dans le salon et que j'ai toujours des devoirs à faire. Et puis je passe beaucoup de temps à lire, alors que mes deux frères préfèrent regarder la télévision. Ils jouent de la guitare aussi et je dois écouter ça ! Tout le monde surfe sur Internet. Mon grand frère, en particulier, préfère jouer sur l'ordinateur plutôt que de faire ses devoirs. Ma mère ne se détend pas beaucoup à la maison car elle part au travail tôt le matin et rentre tard le soir. Quelquefois, elle regarde un film après le repas du soir. Quant à mon père, il travaille de longues heures aussi mais il préfère faire du jardinage quand il est libre. Le weekend, ma mère et mon père font la grasse matinée.

Mina

1 Mina fait ses devoirs dans le salon.
2 Mina aime regarder la télévision.
3 Les frères de Mina écoutent de la musique.
4 Le grand frère de Mina aime jouer à des jeux électroniques.
5 La mère de Mina passe la plus grande partie de la journée chez elle.

6 Quelquefois, la mère de Mina mange avant de regarder un film.

7 Le père de Mina aime travailler dans le jardin.

8 Le weekend, les parents de Mina se lèvent tôt.

Key vocabulary

apporter	to bring	**mettre le couvert ;**	
en avoir marre de	to be fed up with	**mettre la table**	to set the table
débarrasser la table	to clear the table	**nettoyer**	to clean
demander	to ask	**obliger qqn à faire qqch**	to force some one to do something
donner à manger à	to feed (pet)	**poli(e)**	polite
enlever	to take off (clothing, shoes)	**ranger**	to tidy
exigeant(e)	demanding	**régulièrement**	regularly
faire la lessive	to do the laundry	**remercier**	to thank
faire le ménage	to do the housework	**remplir le lave-linge**	to fill the washing machine
faire la vaisselle	to do the washing-up		
faire le repassage	to do the ironing	**sortir les poubelles**	to put the bins out
s'inquiéter	to worry	**les tâches ménagères**	household chores
l'invité(e)	guest	**vider le lave-vaisselle**	to empty the dishwasher
se mettre en colère	to get angry		

Imperative **G**

When telling or advising someone to do something, use either the *tu* or *vous* form of the imperative as appropriate. These forms have the same endings as in the present tense except that the *tu* form imperative of regular *-er* verbs ends in *-e*.

tu	*vous*
Mets le couvert !	*Mettez le couvert !*
Finis tes devoirs !	*Finissez vos devoirs !*
Range ta chambre !	*Rangez votre chambre !*

A few verbs have completely irregular imperative forms, including *être* and *avoir*:

tu	*vous*
Sois patient(e) !	*Soyez patient(e)s !*
N'aie pas peur !	*N'ayez pas peur !*

COMMON PITFALLS

Using *tu* instead of *vous*, or *vous* instead of *tu*, may cause offence, so take care to choose the correct form for the person or people you are addressing.

TEST YOURSELF QUESTION

Complétez les phrases avec l'impératif des verbes entre parenthèses. N'oubliez pas de choisir la bonne forme.

1 ....-moi, Sylvie ! (*aider*)
2 Le repas est prêt. .... bien, mes amis ! (*manger*)
3 Maman ! N'.......... pas que j'ai besoin d'argent ! (*oublier*)
4 .... ta chambre, Fabienne ! (*ranger*)
5 .... le couvert s'il vous plaît ! (*mettre*)
6 Tu es libre maintenant ? Alors, ... avec moi ! (*venir*)

7 Ne vous .... pas, monsieur. Il n'y a pas de problème. (*inquiéter*)
8 Alors les enfants, ... la table ! (*débarrasser*)
9 Tu dois attendre, Marthe. .... patiente ! (*être*)
10 Ce petit chien est vraiment mignon, n'.......... pas peur de lui ! (*avoir*)

Maintenant, imaginez que vous donnez des ordres à chaque membre de votre famille. Écrivez des phrases avec l'impératif.

REVISION TIP

Always check your verb endings, as sometimes a wrong ending conveys a different meaning or may simply confuse the reader. If unsure, use verb tables such as those in the back of the student book.

EXAM-STYLE QUESTION

Vous allez entendre deux fois une conversation entre Florence et Mehdi au sujet de la vie à la maison. Choisissez l'affirmation (**A-F**) qui correspond à chaque activité.

Pour chaque activité, écrivez la bonne lettre (**A-F**) dans l'espace approprié.

Vous avez d'abord quelques secondes pour lire les informations ci-dessous.

Activité		L'affirmation
débarrasser la table	....	A Je fais cela avant de dîner.
s'occuper d'un animal	....	B Je fais cela quand je suis fatigué(e).
faire mes devoirs	....	C Je fais cela tous les jours.
ranger ma chambre	....	D Je fais cela quand on me le demande.
faire de la musique	....	E Je fais cela quand il n'y a personne d'autre chez moi.
		F Je fais cela si j'ai le temps.

[Total : 5]

Sample answer

débarrasser la table C

Correct. The student has made the correct link between *du lundi au dimanche* and *tous les jours*.

s'occuper d'un animal A

The correct answer is F. The student has perhaps wrongly linked *le dîner* in statement A with *donne à manger* in the recording.

faire mes devoirs F

The correct answer is A. The student has perhaps misunderstood the references to the word *temps* in statement F and in the recording.

ranger ma chambre D

Correct. The student has understood that *on me le demande* refers to being asked by someone else and has correctly linked that statement with *mon père me dit de ranger mes affaires* in the recording.

faire de la musique B

The correct answer is E. The student has perhaps not understood the word *seul* which corresponds to the phrase *personne d'autre* in statement E.

EXAM TIP

In a matching task, the recording may include more than one reference to the activities listed. Listen to the whole recording and understand the context of each reference so that you can match the activities and statements correctly.

Turn to page 108 for more practice of this style of listening question.

Key vocabulary

aller chercher	to collect, to pick up	**la gymnastique**	gymnastics
avoir lieu	to take place	**la maison des jeunes**	youth centre
le babyfoot	table football	**montrer**	to show
se baigner	to go for a swim	**la natation**	swimming
la batterie	drums	**se passer**	to happen
la bibliothèque	library	**le passe-temps**	hobby
le bowling	bowling	**la patinoire**	skating rink
le centre commercial	shopping centre	**la piscine**	swimming pool
emmener	to take (a person)	**la piste de ski**	ski slope
l'équitation (*f*)	horse riding	**retrouver**	to meet up with
faire la fête	to celebrate, party	**le théâtre**	theatre
la fête d'anniversaire	birthday party	**le volley**	volleyball
la fête foraine	funfair		

More verbs followed by the infinitive Ⓖ

You can combine the present tense of *aller* with an infinitive to convey the near future, much as in English 'I am going to...'.

> *Nous **allons visiter** un musée.*   *Tu **vas** en **parler** à ton père ?*

The modal verbs *devoir, pouvoir, savoir* and *vouloir* are also followed by the infinitive.

> *Je **dois aider** mon frère.*   *Tu **sais nager** ?*

> *On **peut prendre** la voiture ?*   *Nous ne **voulons** pas **venir** ce soir.*

TEST YOURSELF QUESTION

Écoutez Alexandre, qui parle de son temps libre. Complétez les phrases avec un mot de la liste.

1 Alexandre a beaucoup de ....
2 Le .... , il fait de l'équitation.
3 L'équitation, c'est le sport qu'il .... le plus.
4 Le .... , en hiver, il joue au foot.
5 Il est devenu membre de son .... il y a deux ans.
6 Le vendredi soir, il joue au babyfoot avec ses ....
7 Alexandre n'aime pas ....
8 Alexandre et son meilleur copain font beaucoup de .... ensemble.
9 Le .... aide Alexandre à se détendre.
10 Les copains d'Alexandre n'aiment pas aller au ....

| aime | bruit | copains | dimanche | équipe | nager | passe-temps | rap | samedi | théâtre |

REVISION TIP

In a gap-fill task, don't expect always to find exactly the same combinations of words in the text and in the statements. Sometimes a statement may contain words from different parts of a sentence in the listening.

Key vocabulary

accompagner	to accompany	**s'inscrire**	to enrol
accueillir	to welcome	**la journée**	daytime
l'activité (*f*)	activity	**les loisirs** (*m*)	hobbies, free time
assister à	to attend	**s'occuper de**	to look after, to take care of
avoir le droit de	to be entitled to	**participer à**	to take part in
bavarder	to chat	**permettre**	to allow
le/la bénévole	volunteer (unpaid helper)	**la planche à voile**	windsurfing
l'équipe (*f*)	team	**proposer**	to offer
l'extérieur (*m*)	outside	**la promenade**	outing, walk
les fonds (*m*)	funding	**la soirée**	evening event
les frais (*m*)	costs, fees	**le tournoi**	tournament
gratuit(e)	free of charge	**le VTT**	mountain biking
l'intérieur	inside		

Future tense

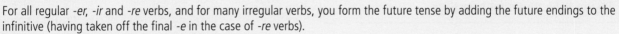

For all regular -*er*, -*ir* and -*re* verbs, and for many irregular verbs, you form the future tense by adding the future endings to the infinitive (having taken off the final -*e* in the case of -*re* verbs).

donner	*finir*	*vendre*	*sortir*
je donnerai	*je finirai*	*je vendrai*	*je sortirai*
tu donneras	*tu finiras*	*tu vendras*	*tu sortiras*
il/elle/on donnera	*il/elle/on finira*	*il/elle/on vendra*	*il/elle/on sortira*
nous donnerons	*nous finirons*	*nous vendrons*	*nous sortirons*
vous donnerez	*vous finirez*	*vous vendrez*	*vous sortirez*
ils/elles donneront	*ils/elles finiront*	*ils/elles vendront*	*ils/elles sortiront*

Some irregular verbs have a different stem from the infinitive, for example: *j'aurai* (*avoir*); *tu seras* (*être*); *il/elle viendra* (*venir*); *nous ferons* (*faire*).

TEST YOURSELF QUESTION

Complétez les phrases avec le futur des verbes entre parenthèses.

1 Je .... à midi. (*partir*)
2 Sophie .... le train. (*prendre*)
3 Vous .... demain ? (*venir*)
4 Mon père .... un plat végétarien. (*préparer*)
5 Qu'est-ce que tu .... s'il pleut ? (*faire*)
6 Je .... à ma mère si je peux l'aider. (*demander*)
7 Nous .... froid si nous sortons ce soir. (*avoir*)
8 Après leur voyage, nos invités .... fatigués. (*être*)
9 Qui .... les enfants ? (*accompagner*)
10 Je .... du chien. (*s'occuper*)

Vous et les autres membres de votre famille, qu'est-ce que vous ferez pendant les prochaines vacances scolaires ? Écrivez dix phrases au futur.

REVISION TIP

Even irregular verbs often belong to groups which all behave in the same way. For example, the future stem of *venir* is similar to that of *revenir*, *devenir*, *se souvenir*, *tenir*, *obtenir* and *appartenir*.

COMMON PITFALLS

Remember that the English future tense consists of two words, e.g. 'will go', but the French future tense consists of just one word. Don't be tempted to write *je ferai écouter* ✗ instead of *j'écouterai* ✓.

EXAM-STYLE QUESTION

You must carry out the task specified in the situation below. The roles to be played by the examiner and yourself are indicated. The important thing is to convey the message. In the exam you will not see the questions; you will only see the situation and then you will respond to the examiner's questions as you hear them.

Jeu de rôle

Vous venez d'arriver chez votre ami(e) français(e). Vous discutez de vos projets pour le weekend.

Candidat(e) : vous-même

Professeur(e) : ami(e) français(e)

Le/La professeur(e) va commencer la conversation.

Répondez à toutes les questions.

1 Qu'est-ce que tu fais normalement le samedi matin ? [2]
2 S'il fait mauvais le weekend prochain, qu'est-ce que tu voudrais faire ? [2]
3 Qu'est-ce que tu penses du sport comme activité de loisir ? [2]
4 Quand as-tu fait du sport récemment ? C'était comment ? [2]
5 Dimanche, veux-tu venir à la patinoire avec moi ? Pourquoi (pas) ? [2]

[Total : 10]

Sample answer

1 Normalement, je fais la grasse matinée.

This is a concise and accurate response to the question, worth 2 marks.

2 S'il fait mauvais je vais au cinéma.

This answer scores 1 out of 2 because the student has answered the question *Qu'est-ce que tu fais?* instead of *Qu'est-ce que tu voudrais faire ?*

3 J'aime lire, surtout des romans.

The French is good, but the student has misunderstood the question and has referred to reading instead of sport, therefore scoring 0. A better answer would be, for example: *Faire du sport, c'est important pour rester en forme et se détendre.*

4 Je joue au foot le mercredi après-midi avec mon équipe. Je me suis bien amusé(e).

This answer scores 1 out of 2 because the student has answered the first part of the question in the present instead of the perfect tense. A better answer would be, for example: *Mercredi dernier, jai joué au foot. Je me suis bien amusé(e).*

5 Non, pas vraiment. Je ne sais pas patiner.

A good, concise answer to both parts of the question, worth 2 marks.

EXAM TIP

In the role play task, pay particular attention to time frames and tenses. As well as noting the verb endings, listen out for time frame indicators such as *récemment* and *prochain*.

Turn to page 108 for more practice of this style of speaking question.

It is illegal to photocopy this page

Key vocabulary

le citron pressé	lemon juice	**le plat froid**	cold dish
la crêpe	pancake	**la salade**	green salad
le croquemonsieur	toasted ham and cheese sandwich	**le sirop**	syrup
		le thon	tuna
la fraise	strawberry	**la tomate**	tomato
les frites (*f*)	chips	**s'assoir**	to sit
les fruits (*m*)	fruit	**commander**	to order
la glace	ice cream	**désirer**	to want
le jambon	ham	**partager**	to share
le jus de pomme	apple juice	**désolé(e)**	sorry
la limonade	lemonade	**ne ... rien d'autre**	nothing else
la menthe	mint		
le plat chaud	hot dish		

Special uses of prepositions **G**

Use *au*, à *la* and *aux* to mean 'with' or 'flavoured with' to talk about food and drink:

une glace à la vanille	a vanilla ice cream
des sandwichs au jambon	ham sandwiches
une omelette aux champignons	a mushroom omelette

When combining *quelque chose* or *rien* with an adjective, you must insert *de*:

Vous avez quelque chose de léger ?	Do you have anything lighter ?
Je ne veux rien de trop sucré.	I don't want anything too sweet.

TEST YOURSELF QUESTION

Écoutez cette conversation dans un restaurant. Vous allez entendre le serveur, une cliente et un client. Recopiez la grille et complétez-la en français.

	Plat choisi	Raison
Cliente – entrée		
Client – entrée		
Cliente – plat principal		
Client – plat principal		
Cliente – dessert		
Client – dessert		

REVISION TIP

When practising your listening skills, take care to distinguish between positive and negative statements in a recording.

Key vocabulary

les crudités (*f*)	raw vegetables	**les moules** (*f*)	mussels
l'entrée (*f*)	starter	**le plat principal**	main course
l'eau pétillante	sparkling water	**le poulet rôti**	roast chicken

la sauce vinaigrette	French dressing	**conseiller**	to advise
le saumon	salmon	**couteux (-euse)**	costly
l'addition (*f*)	bill	**doux (douce)**	mild, soft
le morceau	piece	**léger (légère)**	light
le robinet	tap	**au lieu de**	instead of
le/la serveur/serveuse	waiter/waitress	**pire**	worst
la tranche	slice	**poli(e)**	polite
avoir envie de	to want	**savoureux (-euse)**	tasty
avoir horreur de	to hate	**servir**	to serve

Superlatives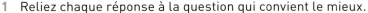

To convey the idea of 'largest', 'most expensive', 'lightest' and so on, you normally combine *le/la/les plus* with the adjective:

le plat le plus cher	the most expensive dish
la cuisine la plus savoureuse	the tastiest cooking
les serveurs les plus polis	the politest waiters

A few adjectives have a single-word superlative:

le pire restaurant	the worst restaurant
les meilleurs desserts	the best desserts

To convey the idea of 'least expensive' and so on, you normally combine *le/la/les moins* with the adjective:

le gâteau le moins sucré	the least sweet cake
la viande la moins chère	the cheapest meat

TEST YOURSELF QUESTION

1 Reliez chaque réponse à la question qui convient le mieux.
2 Inventez une réponse différente à chaque question.

Questions

1 Quel restaurant recommandez-vous ?
2 Tu aimes les plats indiens ?
3 Que penses-tu de la cuisine mexicaine ?
4 Connaissez-vous le nouveau restaurant italien en centre-ville ?
5 À votre avis, quelle est la meilleure cuisine du monde ?
6 Pourquoi veux-tu aller au restaurant chinois ?
7 On va emmener ta correspondante française au restaurant ?
8 Vous préférez la viande ou le poisson ?

Réponses

a Les serveurs sont polis et on y mange bien.
b Je la trouve gouteuse.
c Oui, je pense qu'ils sont savoureux.
d Oui, elle appréciera ça.
e Le restaurant marocain à côté de l'hôtel de ville est très bon.
f La cuisine française, bien sûr !
g Ni l'un, ni l'autre. Je suis végétarien(ne).
h Non, je n'y suis pas encore allé(e).

REVISION TIP

As you become more confident with your spoken French, try to replace nouns with pronouns where appropriate. For example, if asked the question *Tu aimes manger au restaurant marocain ?*, it is neater to reply *Oui, j'aime ça* instead of *Oui, j'aime manger au restaurant marocain*.

EXAM-STYLE QUESTION

Lisez les affirmations (**a–d**), puis les 6 descriptions (**1–6**).

On va au restaurant

Quel restaurant convient le mieux à chaque personne ?

Pour chaque affirmation (**a–e**), écrivez le bon numéro (**1–6**) dans l'espace approprié.

a   Inès
Je cherche un restaurant calme pour fêter l'anniversaire de ma grand-mère. Elle a du mal à marcher et se déplace en fauteuil roulant. Elle aime bien la nature.   ....

b   Sacha
Nous sommes quatre amis. C'est l'été, donc nous voulons profiter du plein air au lieu de nous trouver enfermés à l'intérieur. Nous voulons sortir de la ville.   ....

c   Mila
Je cherche un restaurant confortable et bien chauffé pour un repas en famille dimanche soir. On va peut-être faire du bruit car mes deux frères n'ont que sept et neuf ans. Je ne mange pas de viande.   ....

d   Adam
Comme je ne suis pas vraiment en vacances, j'ai besoin d'un restaurant qui offre un service rapide. Je préfère le poisson et je vais réserver en ligne.   ....

Les restaurants

1   Restaurant méditerranéen, ouvert tous les jours de 10h00 à 23h00. Très bien situé au cœur de la ville, mais avec un parking facile d'accès. Plats végétariens et prix raisonnables. Enfants bienvenus.

2   Nos steaks sont les meilleurs morceaux de bœuf au monde. Venez vous asseoir sur la belle terrasse en plein centre-ville et prenez votre temps ! Vous ne serez pas déçus !

3   Restaurant de cuisine traditionnelle dans un cadre agréable à 5km de la ville. Profitez de notre terrasse avec une vue magnifique sur la vallée. Réservations par e-mail et téléphone.

4   Petit restaurant familial avec deux salles dans un endroit tranquille. Cuisine maison fraiche et gouteuse. Ouvert du lundi au samedi. Jolie vue sur l'étang. Parking gratuit. Accès handicapé.

5   Ici le saumon est roi ! Restaurant norvégien réputé. Ce n'est pas du fastfood mais on vous servira vite. Visitez notre site web et cliquez sur les images pour découvrir nos spécialités et réserver votre table.

6   Découvrez notre restaurant italien offrant des spécialités de qualité exceptionnelle. Situé au deuxième étage d'un bâtiment historique (attention : escaliers étroits). Ouvert du mardi au samedi et les jours fériés. Réservations par téléphone.

Sample answer

a   Inès 4

Correct. The student has understood the link between *mal à marcher, se déplace en fauteuil roulant* and *Accès handicapé*.

b   Sacha 2

The correct answer is 3. The student appears to have overlooked the contradiction between *sortir de la ville* and *en plein centre-ville*. Restaurant number 3 is a better match because it is 5 km away from the town and has an outside seating area.

c Mila 6

The correct answer is 1. The student appears to have overlooked the fact that restaurant number 6 is closed on Sundays. Restaurant number 1 is a better match because, as well as being open on Sundays, it serves vegetarian food and children are specifically mentioned as being welcome.

d Adam 5

Correct. The student has understood the links between *poisson* and *saumon*, between *un service rapide* and *on vous servira vite* and between *réserver en ligne* and *Visitez notre site web ... et réserver votre table*.

EXAM TIP

In this type of matching task, it is important to check the whole of each statement and description to be sure that there are no contradictions.

Turn to page 108 for more practice of this style of reading question.

It is illegal to photocopy this page

2.5 Special occasions

Key vocabulary

ancien(ne)	former	fêter	to celebrate
l'anniversaire (*m*)	birthday	joyeux (-euse)	happy
attendre	to wait	Noël	Christmas
le cadeau (les cadeaux)	present	l'occasion spéciale	special occasion
la carte d'anniversaire	birthday card	offrir	to give (present)
célébrer	to celebrate	passer	to spend (time)
chanter	to sing	se rappeler	to recall, to remember
danser	to dance	rencontrer	to meet
ensemble	together	rentrer	to go back home
entendre	to hear	retourner	to return
la faute	fault, mistake	rigoler	to have a laugh
la fête	celebration, party	vers	at about (time)

Perfect tense with *avoir*

The perfect tense of most verbs comprises the appropriate form of *avoir* followed by the past participle. Regular verbs follow a set pattern, but irregular verbs need to be learned individually.

- Regular -er: donner   j'ai donné
- Regular -ir: finir   tu as fini
- Regular -re: vendre   ils/elles ont vendu

Irregular examples

prendre	*voir*
j'ai pris	*j'ai vu*
tu as pris	*tu as vu*
il/elle/on a pris	*il/elle/on a vu*
nous avons pris	*nous avons vu*
vous avez pris	*vous avez vu*
ils/elles ont pris	*ils/elles ont vu*

Dates

To translate 'on (a date)', use *le*:

*Nous allons arriver **le douze mars**.*

*Qu'est-ce que vous avez fait **le 14 juillet** ?*

G

TEST YOURSELF QUESTION

Dites quand vous avez fait chaque activité pour la dernière fois, en mettant le verbe au passé composé. Par exemple :

fêter Noël → J'ai fêté Noël le 25 décembre.

téléphoner à un(e) ami(e) → J'ai téléphoné à une amie hier soir.

1 inviter des ami(e)s
2 donner un cadeau à quelqu'un
3 fêter un anniversaire
4 danser
5 retrouver des ami(e)s
6 acheter un cadeau
7 choisir une carte d'anniversaire
8 prendre des photos
9 écouter quelqu'un chanter
10 voir des gens heureux

REVISION TIP

Remember to pronounce the *j'ai* clearly — as if it were spelled *jé* — in order to signpost the perfect tense. With regular -er verbs, you will make the same sound twice: *j'ai parlé*, *j'ai rencontré*.

COMMON PITFALLS

Learn which *-ir* and *-re* verbs are irregular in the perfect tense. For example, the perfect tense of *mettre* does not end in *-u* and is *j'ai mis*.

Key vocabulary

le bal	dance, ball	**la mairie**	town hall
la cérémonie	ceremony	**le mariage**	wedding
connaitre	to know (person, place)	**se marier**	to get married
l'église (*f*)	church	**les mariés** (*m*)	married couple
l'épouse (*f*)	wife	**les préparatifs** (*m*)	preparations
épouser	to marry	**présenter**	to introduce
l'époux (*m*)	husband	**la réception**	reception
l'évènement (*m*)	event	**religieux (-euse)**	religious
le feu d'artifice	fireworks	**souhaiter**	to wish
se fiancer	to get engaged	**traditionnel(le)**	traditional
s'habiller	to get dressed	**la vie**	life

Perfect tense with *être*

The perfect tense of some verbs, including all reflexive verbs, is formed with *être* not *avoir*. These verbs need to agree with their subject, as in these examples:

> *aller   elle est allée*   *partir   je suis parti(e)*   *s'amuser   nous nous sommes amusé(e)s*

TEST YOURSELF QUESTION

Lisez ces quatre messages au sujet d'une fête récente.

Noham

Je me suis bien amusé, surtout parce que mes copains étaient tous là. J'étais un des premiers à arriver, donc j'ai donné un coup de main avec les préparatifs – la musique, les boissons etc. Je n'avais pas envie de danser mais ce n'était pas grave. Le gâteau d'anniversaire était délicieux et c'était génial de voir Luc ouvrir ses cadeaux. Une fête à ne pas oublier !

Alicia

La soirée a mal commencé. Juste avant de quitter la maison j'ai reçu un coup de téléphone de mon père. La conversation a été longue et difficile. La fête a commencé à six heures, mais je ne suis arrivée qu'à sept heures et demie. Et puis je me suis rendu compte que mon cadeau était toujours dans ma chambre – j'étais tellement pressée que je n'y ai pas pensé. Et puis, ce n'est pas tout. J'ai renversé du jus de cassis sur la robe de ma meilleure copine !

Gabrielle

J'ai demandé à ma mère de m'emmener à la fête pour être sure de ne pas arriver en retard. J'ai dansé, j'ai chanté et j'ai bien mangé – mais je n'avais plus faim quand les autres invités ont partagé le gâteau d'anniversaire. Luc a reçu beaucoup de cadeaux. Malheureusement ma mère est venue me chercher à neuf heures. Les autres sont restés jusqu'à minuit.

Valentin

Je n'avais pas trop envie d'aller à cette fête parce que je ne connaissais personne. Mais en fait, je n'avais aucune raison de m'inquiéter. Tout le monde a rigolé en écoutant la musique et en jouant à des jeux. J'ai fini par chanter « Bon anniversaire » aussi fort que possible ! Luc a ouvert tous ses cadeaux à la fin de la soirée, tout le monde a eu une part de gâteau et on est rentrés chez nous très contents.

Qui…

1 a dû quitter la fête tôt ?
2 a été agréablement étonné(e) par la fête ?
3 est arrivé(e) en retard ?
4 a été content(e) de revoir ses copains ?
5 a fait beaucoup de bruit ?
6 a oublié quelque chose ?
7 a aidé un peu ?
8 a fait une bêtise ?
9 n'a pas pu manger du gâteau ?

> **REVISION TIP**
>
> When tackling an extended text, read it fully to grasp its gist before looking at the questions.

EXAM-STYLE QUESTION

Les fêtes

Écrivez un article à ce sujet pour le magazine de votre collège. Écrivez 130-140 mots **en français**.

● Quelle est votre fête préférée ? Expliquez pourquoi.
● Décrivez la dernière fois que vous avez célébré cette fête.
● Qu'est-ce que vous avez aimé le plus à cette occasion ?
● Préférez-vous fêter un évènement chez vous ou dans un autre endroit ? Donnez vos raisons.
● Comment voulez-vous fêter votre prochain anniversaire ?

Sample answer

Ma fête préférée, c'est Noël. J'aime bien accueillir mes grands-parents. Je ne les vois pas souvent parce qu'ils habitent loin de chez moi. De plus, on donne et reçoit beaucoup de cadeaux.

A good opening paragraph, with an object pronoun – *je ne les vois pas souvent* – and a good link between the two statements using *parce que*.

L'année dernière, nous avons fêté Noël comme d'habitude. Nous avons accueilli mes grands-parents. Je ne les vois pas souvent car ils habitent loin de chez moi.

The perfect tense is used correctly twice, but there is needless repetition from the first paragraph. It would be better to describe a different aspect of Christmas, such as the making of decorations.

J'ai surtout aimé le repas de Noël que mon père a préparé. Après avoir mangé, nous avons joué à des jeux traditionnels et tout le monde s'est bien reposé.

The student uses a good range of vocabulary and structures, but has not properly addressed the bullet point. It would be better to explain *why* (s)he liked the meal rather than describe other things that happened.

Je passe beaucoup de temps chez moi, donc je préfère fêter un évènement dans un autre endroit parce que c'est plus amusant. L'année dernière, j'ai invité mes copines au restaurant et nous nous sommes bien amusées.

A good paragraph, with a variety of constructions including the *nous*-form perfect tense of a reflexive verb.

L'année prochaine, je voudrais inviter mes copines à faire de l'équitation avec moi. J'espère qu'elles aimeront ça.

Another good paragraph with three different ways of expressing the future — *je voudrais*, *j'espère* and the future tense. This paragraph could be extended if paragraph 2 were shortened.

Turn to page 109 for more practice of this style of writing question.

2.6 Going on holiday

Key vocabulary

l'agence (*f*) de voyages	travel agent	faire de la voile	to go sailing
attendre avec impatience	to look forward to	faire du cheval	to go horse riding
se baigner	to swim, to bathe	faire du vélo	to go cycling
au bord de la mer	by the sea	le lieu	place
le camping-car	camper van, motor home	la montagne	mountain
la carte postale	postcard	le/la propriétaire	owner, landlord
le coin	neighbourhood	la randonnée	hike
la croisière	cruise	les renseignements (*m*)	information
dehors	outside	le séjour	stay, holiday
le dépliant	leaflet	le site touristique	tourist place
envoyer	to send	les vacances (*f*)	holidays
à l'étranger	abroad	visiter	to visit (a place)

Prepositions with places

The following prepositions can all mean either 'in/at' or 'to', depending on the verb:

- *à* + towns, islands

   Elle habite à Paris. *Nous sommes allés à Chypre.*

- *en* + feminine countries

   Je passe mes vacances en Espagne. *Vous allez en Belgique ?*

- *au* + masculine countries

   Il fait chaud au Maroc. *Nous voulons aller au Canada.*

- *aux* + plural countries

   C'est bien de faire du vélo aux Pays-Bas. *Pourquoi ne pas aller aux États-Unis ?*

COMMON PITFALLS

The verb *visiter* is used only when referring to places, and often has the idea of sightseeing. To say that you are visiting a person, it is best to use the verb construction *aller voir*, for example: *Je vais voir ma cousine qui habite au Portugal*. You can also use the expression *rendre visite à*: *Je vais rendre visite à ma cousine qui habite au Portugal.*

TEST YOURSELF QUESTION

Imaginez que vous planifiez vos vacances pour les cinq prochaines années. Écrivez cinq phrases ; mentionnez à chaque fois la destination, la raison de votre choix et deux activités que vous espérez y faire. Par exemple :

L'année prochaine, je voudrais passer mes vacances en Suisse parce que j'aime la montagne et qu'on y parle français. En Suisse, j'espère faire des randonnées et je veux visiter la ville de Lausanne. Dans deux ans (en 20…), je …

Si vous voulez, vous pouvez utiliser les idées suivantes :

France	mer	visiter des musées
Norvège	soleil	essayer un nouveau sport
Berlin	histoire	aller voir des amis
Majorque	calme	faire du shopping
États-Unis	touristique	apprendre une nouvelle langue

Key vocabulary

bien connu(e)	well known	**la location**	rental, hiring
la chanson	song	**louer**	to rent, to hire
le cœur	heart	**le musée**	museum
culturel(le)	cultural	**la pièce de théâtre**	play
découvrir	to discover	**se promener**	to go for a walk
facile d'accès	easily accessible	**la rue piétonne**	pedestrian street
fameux (-euse)	infamous	**la rue commerçante**	shopping street
la galerie d'art	art gallery	**séjourner**	to stay (somewhere)
impressionnant(e)	impressive	**le spectacle**	show
la liaison	(transport) link	**la vue**	view

Future tense: more irregular verbs

G

Note that only the future stem is irregular; the endings follow the same pattern for all verbs.

savoir	*devoir*	*voir*	*envoyer*
je saurai	*je devrai*	*je verrai*	*j'enverrai*
tu sauras	*tu devras*	*tu verras*	*tu enverras*
il/elle/on saura	*il/elle/on devra*	*il/elle/on verra*	*il/elle/on enverra*
nous saurons	*nous devrons*	*nous verrons*	*nous enverrons*
vous saurez	*vous devrez*	*vous verrez*	*vous enverrez*
ils/elles sauront	*ils/elles devront*	*ils/elles verront*	*ils/elles enverront*

Pronoun *y*

The pronoun *y* can mean 'there'. It can also replace *à* + noun in all contexts. Like all pronouns, *y* is positioned before the verb. If there are two separate verbs, it goes between them. For example:

J'y vais maintenant.   I'm going there now.

On peut y visiter l'église.   You can visit the church there.

— Tu t'intéresses à l'histoire ? — Oui, je m'y intéresse beaucoup.
Are you interested in history? Yes, I'm very interested in it.

COMMON PITFALLS

Remember not to pronounce the final letter of most words ending in *-s*, *-t*, *-x* and *-z*.

TEST YOURSELF QUESTION

Écoutez cette publicité pour la ville de Bordeaux. Répondez aux questions en français. Il n'est pas toujours nécessaire d'écrire des phrases complètes.

1 Qu'est-ce que l'écrivain Stendhal pensait de Bordeaux ?
2 Combien de bâtiments historiques la ville compte-t-elle ?
3 Depuis quand la ville est-elle classée au patrimoine mondial de l'Unesco ?
4 Quand le centre-ville de Bordeaux est-il fermé à la circulation ?
5 Si on ne veut pas se déplacer à pied, quel autre moyen de transport est recommandé ?
6 Quels exemples de monuments sont mentionnés ? (2 points)
7 Pourquoi la rue Sainte-Catherine est-elle connue ?
8 Pourquoi est-ce une bonne idée de visiter Bordeaux au printemps ?
9 Où est-il recommandé d'aller si on visite la ville en été ?

EXAM-STYLE QUESTION

Conversation générale : répondez à ces questions en français. Cette conversation doit durer quatre minutes.

Les vacances

1 D'habitude, où vas-tu pendant les grandes vacances ?
2 Quelles activités préfères-tu faire quand tu pars en vacances ?
3 Parle-moi de la dernière fois que tu es parti(e) en vacances.
4 Quels sont tes projets de vacances pour l'année prochaine ?
5 À ton avis, quels sont les avantages et les inconvénients de rester à la maison pendant les vacances ?

Sample answer

1 D'habitude, je vais à Majorque avec ma famille.

This is a relevant answer to the question, with one added detail, but it is too brief even for the first question in the conversation. It would be good to mention, for example, whether the student goes to the seaside or to a town, what the accommodation is like, and how long the student spends there.

2 Moi, je suis très sportif (-ive), donc je préfère jouer au tennis s'il y a des courts que je peux utiliser. J'aime aussi la natation et s'il fait assez chaud c'est bien de nager en plein air. Le soir, c'est bien de se reposer à l'hôtel ou au camping.

This is a good answer with plenty of variety of structures and vocabulary. The repetition of *c'est bien de* could be avoided by using a different construction, e.g. *j'ai toujours envie de me reposer...* .

3 L'année dernière, je suis parti(e) en Autriche avec ma famille. J'aime bien l'Autriche parce qu'on peut y faire du ski en hiver et des randonnées en été. Le seul problème, c'est que je ne parle pas allemand. Normalement, nous louons un petit appartement qui est très bien équipé.

This is a full and detailed answer, but it includes only one verb in the perfect tense. It would be better to keep the whole answer in the past, using different verbs such as: *nous avons pu faire du ski, j'ai essayé de parler allemand, nous avons loué un appartement bien équipé.*

4 Je ne sais pas encore ce qu'on va faire l'année prochaine. Ma mère voudrait partir en Norvège parce qu'elle n'y est jamais allée, mais mon frère et moi nous préférerions aller dans un pays où il fait plus chaud, peut-être en Italie. De toute façon, ce sera bien de quitter la maison et de nous reposer pendant quinze jours.

This is a good answer, especially because it is not all in the *je* form and there is a variety of tenses and verb constructions.

5 Il y a beaucoup d'avantages si on part à l'étranger. On peut faire des activités qui ne sont pas possibles à la maison et on peut profiter du soleil. Il est possible de découvrir une nouvelle culture et même d'apprendre une nouvelle langue. Il y a deux ans, par exemple, j'ai parlé un peu de portugais quand j'étais à Lisbonne.

This answer includes some very good French but it only addresses one aspect of the question. The student needed to mention any advantages of staying at home, even if it were simply: *Il n'y a pas d'avantages à rester à la maison.*

Turn to page 109 for more practice of this style of speaking question.

2.7 Family and friends abroad

Key vocabulary

l'Afrique (f)	Africa	le Japon	Japan
l'Afrique (f) du Nord	North Africa	le Maroc	Morocco
l'Algérie (f)	Algeria	le Sénégal	Senegal
l'Amérique (f)	America	accueillant(e)	welcoming
l'Asie (f)	Asia	communiquer	to communicate
l'Australie (f)	Australia	être d'origine ...	to be of ... origin
la Belgique	Belgium	étudier	to study
le Canada	Canada	grâce à	thanks to
la Chine	China	la nationalité	nationality
les États-Unis (m)	USA	le pays	country
l'Europe (f)	Europe	rendre visite à	to visit (a person)
l'Inde (f)	India	au téléphone	on the phone

Nationalities: nouns and adjectives

In French, you use a capital letter only for country names and for people, as in the following examples.

Country/continent	Person	Adjective
l'Afrique	l'Africain(e)	africain(e)(s)
l'Algérie	l'Algérien(ne)	algérien(ne)(s)
l'Amérique	l'Américain(e)	américain(e)(s)
l'Asie	l'Asiatique	asiatique(s)
l'Australie	l'Australien(ne)	australien(ne)(s)
la Belgique	le/la Belge	belge(s)
le Canada	le/la Canadien(ne)	canadien(ne)(s)
la Chine	le/la Chinois(e)	chinois(e)(s)
l'Europe	l'Européen(ne)	européen(ne)(s)
l'Inde	l'Indien(ne)	indien(ne)(s)
le Japon	le/la Japonais(e)	japonais(e)(s)
le Maroc	le/la Marocain(e)	marocain(e)(s)
le Sénégal	le/la Sénégalais(e)	sénégalais(e)(s)

All languages begin with a small letter, e.g. *le chinois, le japonais.*

TEST YOURSELF QUESTION

Lisez le texte. Choisissez les cinq phrases qui sont vraies selon le texte.

Je m'appelle Océane et je viens d'une famille multinationale. D'abord, ma grand-mère est née en Algérie. Elle s'est mariée là-bas et puis mes grands-parents sont venus en France en 1960. Ils se sont installés près de Marseille, où ils ont eu trois enfants – ma mère et mes deux oncles. Après avoir fait sa scolarité en France, ma mère est partie faire des études en Espagne, mais elle n'y est restée que trois ans avant de revenir à Marseille.

Mes deux oncles ont quitté la France pour aller travailler – l'un d'eux en Grande-Bretagne, l'autre en Italie – et ils n'ont pas l'intention de retourner dans leur pays natal.

Mon père, lui, est d'origine chinoise. Il est venu en France à l'âge de quatre ans. Il a appris le français très rapidement et il a pratiquement oublié son chinois. C'est dommage, car c'est une langue que je voudrais apprendre un jour. Je n'ai jamais connu les parents de mon père, mais je sais qu'ils ont passé toute leur vie en Chine.

Et moi ? Pour l'instant, je suis contente d'habiter en France, mais j'aime passer mes vacances à l'étranger. Un pays qui me fascine mais que je n'ai pas encore visité, c'est l'Inde. J'ai une copine indienne et elle m'a invitée à l'accompagner chez sa mère qui habite toujours là-bas. J'espère que ce sera possible. Sinon, un séjour au Portugal serait bien, même si mes connaissances linguistiques sont limitées.

1 La grand-mère d'Océane est d'origine algérienne.
2 La grand-mère d'Océane s'est mariée en France.
3 Le grand-père d'Océane est né en France.
4 La mère d'Océane est née en 1960.
5 La mère d'Océane a passé trois ans en Espagne.
6 Les deux oncles d'Océane n'habitent plus en France.
7 Le père d'Océane a passé quatre ans en France.
8 Le père d'Océane parle mieux le français que le chinois.
9 Les parents du père d'Océane n'ont jamais quitté la Chine.
10 Océane est allée en Inde avec sa copine.
11 Océane voudrait aller au Portugal car elle parle bien la langue.

REVISION TIP

When identifying true statements in a reading comprehension exercise, be careful to look at verb tenses. Sometimes, for example, a statement may appear to be correct but is actually wrong because it refers to the future rather than the past.

Key vocabulary

avouer	to admit, to confess	l'île Maurice (f)	Mauritius
la chaleur	heat	le neveu (les neveux)	nephew
la coutume	custom	la nièce	niece
être dépaysé(e)	to be in a new world	la petite-fille	granddaughter
s'embrasser	to kiss	le petit-fils	grandson
faire la connaissance de	to get to know	plaire à	to please
la France métropolitaine	mainland (European) France	je t'/vous en prie	you're welcome
grandir	to grow up	ravi(e)	delighted
la Guadeloupe	Guadeloupe	récemment	recently
génial(e)	brilliant, great	revoir	to see again
s'habituer à	to get used to	typique	typical
... me manque	I miss ...	il va sans dire	it goes without saying
		le/la voisin(e)	neighbour

Imperfect tense

You form the imperfect tense of all verbs except *être* by attaching the imperfect endings to the *nous* form of the present tense with the *-ons* taken off. For example:

habiter	choisir	prendre	être
(nous **habit**ons)	(nous **choisiss**ons)	(nous **pren**ons)	
j'habitais	je choisissais	je prenais	j'ét**ais**
tu habitais	tu choisissais	tu prenais	tu ét**ais**
il/elle/on habitait	il/elle/on choisissait	il/elle/on prenait	il/elle/on ét**ait**
nous habitions	nous choisissions	nous prenions	nous ét**ions**
vous habitiez	vous choisissiez	vous preniez	vous ét**iez**
ils/elles habitaient	ils/elles choisissaient	ils/elles prenaient	ils/elles ét**aient**

Verbs ending in *-ger* and *-cer* have slightly different spellings in the *je*, *tu*, *il/elle* and *ils/elles* forms, e.g. *je mangeais*, *tu commençais*, *il/elle commençait*, *ils/elles mangeaient*.

TEST YOURSELF QUESTION

Imaginez que vous avez un(e) ami(e) ou un membre de votre famille qui a grandi dans un autre pays. Écrivez dix phrases à l'imparfait pour décrire sa vie dans cet autre pays.

Par exemple: Ma tante se levait très tôt pour aller à l'école.

Si vous voulez, vous pouvez utiliser les idées de la case.

habiter dans un petit village / une grande ville	faire plus chaud / froid
	communiquer par téléphone / e-mail
connaitre beaucoup de gens	se coucher tôt / tard
parler une autre langue	acheter les provisions au marché / au supermarché
manger des plats différents	
se déplacer à pied / à vélo / en voiture	être (mal)heureux (-euse)

Vous allez entendre l'interview d'Édouard qui est allé voir sa cousine au Québec. L'interview est en deux parties.

Vous allez entendre la première partie de l'interview deux fois. Pour les Questions **1-5**, cochez (✓) la bonne case, **A**, **B** ou **C**.

Vous avez d'abord quelques secondes pour lire les Questions **1-5**.

1 La cousine d'Édouard s'est installée au Canada...
   A hier.
   B récemment.
   C il y a longtemps. [1]

2 Édouard a passé ... au Canada.
   A une semaine
   B deux semaines
   C quinze semaines [1]

3 La cousine d'Édouard habite...
   A à Montréal.
   B loin de Montréal.
   C près de Montréal. [1]

4 Là où la cousine d'Édouard habite, ...
   A tout le monde comprend le français.
   B tout le monde parle français comme langue maternelle.
   C tout le monde veut apprendre le français. [1]

5 La cousine d'Édouard n'a pas besoin...
   A de voiture.
   B de transports publics.
   C de vélo. [1]

Vous allez entendre la deuxième partie de l'interview deux fois. Pour les Questions **6-9**, cochez (✓) la bonne case, **A**, **B** ou **C**.

Vous avez d'abord quelques secondes pour lire les Questions **6-9**.

6 La cousine d'Édouard...
   A a eu du mal à comprendre les coutumes du Québec.
   B s'est sentie dépaysée après une semaine au Québec.
   C s'est facilement habituée à la vie au Québec. [1]

7 La cousine d'Édouard a été déçue par... dans sa ville.
   A les cinémas
   B les évènements culturels
   C la vie nocturne [1]

8 Édouard n'a pas trop envie...
   A de s'adapter à une nouvelle culture.
   B d'apprendre une nouvelle langue.
   C de s'habituer à la neige. [1]

9 Édouard...
   A veut déménager au Québec dès que possible.
   B ne veut pas déménager au Québec.
   C ne sait pas s'il veut déménager au Québec. [1]

[Total : 9]

Sample answer

1 B

Correct. The student has understood that *vient de* means 'has just', i.e. it is a recent event.

2 C

The correct answer is B. The student appears to have latched on to the word *quinze*, but in the recording it is *quinze jours*, which means 'two weeks'.

3 C

Correct. The student has understood that *juste à côté de Montréal* is similar in meaning to *près de Montréal*.

4 B

The correct answer is A. The student appears to have misunderstood the phrase *les deux tiers des habitants sont francophones*, which means that (only) two thirds of residents are French speakers.

5 C

The correct answer is A. The student has perhaps not understood that the phrase *n'en a pas besoin* refers back to having a car.

6 C

Correct. The student has realised that *Elle n'a pas eu de mal à s'habituer à sa nouvelle vie* has a similar meaning to *(elle) s'est facilement habituée à la vie au Québec*.

7 C

Correct. The student has realised that *a été déçue par* refers to a disappointment and the only negative statement in that section is *il n'y a pas de vie nocturne*.

8 A

The correct answer is B. The student has perhaps not understood the negative sense of the phrase *sans devoir apprendre une langue étrangère*.

9 A

The correct answer is C. Although the speaker mentions some of the attractive aspects of living in Quebec, he also mentions an important negative aspect.

EXAM TIP

Where a listening task refers to known facts, all the information required will be contained in the recording. You will not be expected to use any general knowledge.

Turn to page 109 for more practice of this style of listening question.

Key vocabulary

la banque	bank	**la gendarmerie**	police station
le bâtiment	building	**l'hôpital** (*m*)	hospital
la bibliothèque	library	**l'hôtel** (*m*) **de ville**	town hall
la boucherie	butcher's	**le jardin public**	park
la boulangerie	bakery	**le magasin**	shop
la boutique	(small) shop	**l'office** (*m*) **de tourisme**	tourist office
le centre sportif	sports centre	**le parking**	car park
le château	castle	**la piscine**	swimming pool
le collège	secondary school (11–15)	**la poste**	post office
le commissariat de police	police station	**le stade**	stadium
l'épicerie (*f*)	grocery	**le supermarché**	supermarket
la gare	railway station	**le syndicat d'initiative**	tourist office
la gare routière	coach station		

Connectives

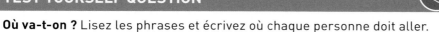

Make your sentences longer and more varied by using conjunctions and adverbs such as:

alors	then	*de plus*	in addition	*parce que*	because
car	because	*donc*	so, therefore	*puis*	then, next
cepéndant	however	*mais*	but	*quand*	when
comme	as	*ou*	or	*si*	if

TEST YOURSELF QUESTION

Où va-t-on ? Lisez les phrases et écrivez où chaque personne doit aller.

Exemple : 1 à la poste

1 Je veux acheter des timbres.
2 Nous n'avons plus de pain !
3 Pour le déjeuner, on a besoin de viande.
4 Nous devons acheter des fruits et des légumes.
5 Je vais prendre le train.
6 Ce matin, on pourrait jouer au badminton.
7 Je voudrais trouver un livre à lire pendant les vacances.
8 Tu veux aller voir un match de foot cet après-midi ?
9 Nous avons besoin de dépliants sur la ville.
10 On m'a volé mon portable. Je dois déclarer le vol.

Maintenant, écrivez des phrases avec l'infinitif, par exemple :

1 On va à la poste pour acheter des timbres.

REVISION TIP

The pronoun *on* is useful when you don't need or don't want to specify who is doing something. It can mean 'we', 'they' or 'people in general'.

Key vocabulary

admirer	to admire	**le calme**	peace and quiet
ailleurs	elsewhere	**la campagne**	countryside
l'ambiance (*f*)	atmosphere, feel	**charmant(e)**	delightful

les distractions (*f*)	amusements, entertainment	**de plus en plus**	more and more
dynamique	vibrant	**pollué(e)**	polluted
imposant(e)	imposing	**la pollution**	pollution
le jardinage	gardening	**rural(e)**	rural
de moins en moins	less and less	**le sport nautique**	water sport
nombreux (-euse)	numerous	**suffisamment**	sufficient(ly)
le paysage	landscape	**les transports** (*m*) **en commun**	public transport
la pêche	fishing	**urbain(e)**	urban
la place	square (in town)	**la variété**	variety

Quantifiers

G

To add subtlety to your descriptions and opinions, you can use adverbs such as:

assez	fairly, enough, quite	*moins*	less	*tout à fait*	completely
certainement	certainly	*peu*	not much, not many	*très*	very
énormément	hugely	*plus*	more	*trop*	too
extrêmement	extremely	*si*	so	*un peu*	a little
		tellement	so, really	*vraiment*	really, truly

TEST YOURSELF QUESTION

Lisez le message. Ensuite, lisez les phrases et décidez si chaque phrase est vraie ou fausse. Si elle est fausse, corrigez-la.

Salut Clara,

Comme tu le sais, je viens de déménager avec ma famille pour habiter à Lyon, la troisième plus grande ville de France. C'est tout à fait différent de la petite ville de Sigean, dans le département de l'Aude, où nous habitions avant.

À Sigean, la vie était assez tranquille. Ça me plaisait bien, mais ma sœur s'ennuyait un peu parce qu'elle voulait sortir et qu'il n'y avait pas tellement de distractions. Souvent, elle se rendait à Narbonne pour retrouver ses copines et aller au cinéma. Et moi, j'aimais le collège de Sigean où je m'entendais bien avec les professeurs. Nous habitions au centre-ville mais dans une rue piétonne, donc ce n'était pas trop pollué. Cependant, il y avait peu de transports en commun, donc on devait toujours prendre la voiture.

Ici à Lyon, nous habitons un quartier agréable à 5 km du centre-ville et les autobus circulent toutes les quinze minutes. Mais il y a plus de bruit qu'à Sigean et les gens sont moins accueillants. Mes parents sont contents parce que les magasins sont tout près et qu'ils peuvent se rendre plus rapidement au travail. Je pensais que les espaces verts allaient me manquer mais en fait ce n'est pas le cas. Nous avons un beau jardin public à 200 m de notre appartement, mais on est plus loin de la vraie campagne.

Gabriel

1. Gabriel a récemment déménagé.
2. Avant de déménager Gabriel habitait dans l'Aude.
3. Gabriel trouvait la vie à Sigean bruyante.
4. Gabriel voulait sortir, mais à Sigean il n'y avait pas beaucoup de possibilités.
5. La sœur de Gabriel se rendait dans une autre ville pour aller voir des films.
6. Au collège de Sigean, Gabriel avait de bonnes relations avec ses professeurs.
7. À Sigean, la famille de Gabriel prenait l'autobus.
8. Gabriel trouve les habitants de Sigean moins accueillants que ceux de Lyon.
9. À Lyon, les parents de Gabriel mettent moins de temps à aller au travail.
10. À Lyon, Gabriel habite trop loin d'un espace vert.

EXAM-STYLE QUESTION

You must carry out the task specified in the situation below. The roles to be played by the examiner and yourself are indicated. The important thing is to convey the message. In the exam you will not see the questions; you will only see the situation and then you will respond to the examiner's questions as you hear them.

Jeu de rôle

Vous êtes dans un office de tourisme en France. Vous parlez avec le/la réceptionniste.

Candidat(e) : vous-même

Professeur(e) : réceptionniste

Le/La professeur(e) va commencer la conversation.

Répondez à toutes les questions.

1. Bonjour mademoiselle/monsieur, qu'est-ce que vous voudriez visiter dans la ville ? [2]
2. Vous restez ici combien de temps ? [2]
3. Qu'est-ce que vous avez déjà fait dans la ville ? C'était comment ? [2]
4. Qu'est-ce que vous avez l'intention de faire ce soir ? [2]
5. Quelles sont vos premières impressions de la ville ? Pourquoi ? [2]

[Total : 10]

Sample answer

1. *Surtout, je voudrais visiter le château.*

This is a concise and accurate response to the question, worth 2 marks.

2. *Je suis arrivé(e) hier avec ma famille.*

This answer scores 1 out of 2 because the student has answered the question *Quand êtes-vous arrivé(e) ?* or *Depuis quand êtes-vous ici ?* instead of *Vous restez ici combien de temps ?*

3. *Je vais au musée. C'était intéressant mais un peu cher.*

The French is good, but the first part of the answer is in the wrong tense, so the mark is 1 out of 2.

4. *Ce soir, ma famille et moi, nous allons au restaurant.*

This is a concise and accurate response, worth 2 marks.

5. *Ma ville est grande et moderne. J'aime bien y habiter.*

This answer scores 0 because, although the French is good, the student has talked about her/his home town instead of the town being visited.

Turn to page 110 for more practice of this style of speaking question.

EXAM TIP

In the role play task, think carefully about the situation in which you are being asked to imagine yourself. Keep this in mind throughout the task so that your responses fit the context.

3.2 Shopping

Key vocabulary

l'alimentation générale	food shop	**le marchand/la marchande**	dealer, shopkeeper
l'article (*m*)	article	**le marché couvert**	covered market
la bijouterie	jeweller's shop	**mettre**	to place, to put
la charcuterie	pork butcher's, delicatessen	**mûr (mure)**	ripe
le chariot	shopping trolley	**la nourriture**	food
l'entretien (*m*)	maintenance, upkeep	**le parfum**	flavour (food); perfume (scent)
essayer	to try		
faire les courses	to go shopping (for food etc)	**la parfumerie**	perfume shop
frais (fraiche)	fresh	**la pâtisserie**	cake shop
gouter	to taste	**la pharmacie**	chemist's
l'hypermarché (*m*)	hypermarket	**la poissonnerie**	fishmonger
la librairie	bookshop	**le produit**	product
en libre-service	self-service (counter, shop)	**la qualité**	quality

Demonstrative adjectives and pronouns Ⓖ

In French the choice of word meaning 'this', 'that', 'these' or 'those' depends on the gender of the noun that follows. There is a special form before masculine nouns beginning with a vowel. For example:

> *ce produit* (masculine)
> *cet article* (masculine, beginning with a vowel)
> *cette boutique* (feminine)
> *ces provisions* (plural)

If you need to distinguish between 'this' and 'that', or between 'these' and 'those', you can add the suffix *-ci* or *-là* to the noun:

ce produit-ci = this product
ce produit-là = that product

The pronouns meaning 'this one', 'that one', 'these (ones)' and 'those (ones)' are *celui* (masculine), *celle* (feminine), *ceux* (masculine plural) and *celles* (feminine plural). Again you can add the suffix *-ci* or *-là* if necessary. For example, referring to a masculine noun:

> — *Vous voulez acheter celui-ci ?*
> — *Non, je préfère celui que vous m'avez montré hier.*

TEST YOURSELF QUESTION

Yasmine et son frère Amir vont faire les courses. Écoutez leur conversation. Lisez les phrases. Dans chaque phrase il y a un détail souligné qui ne correspond pas à la conversation. Écrivez les mots corrects en français.

1. Yasmine et Amir n'ont plus d'œufs.
2. Papa a acheté du pain hier.
3. Yasmine et Amir décident d'acheter du pain au supermarché.
4. Il y a des croissants dans le congélateur.
5. Au coin de la rue, il y a un petit supermarché.
6. Yasmine doit acheter du dentifrice pour son frère.
7. Les fruits sont moins chers au marché.
8. Yasmine et Amir vont faire les courses à pied.

REVISION TIP

It can be hard to keep track of who is speaking in a listening task. Jot down the names as you hear each speaker to help you follow.

Key vocabulary

l'achat (*m*)	purchase	**la couleur**	colour
le coton	cotton	**court**	short

It is illegal to photocopy this page

Hodder & Stoughton Limited © Paul Shannon   **47**

le cuir	leather	**proposer**	to offer, to suggest
dépenser	to spend	**le remboursement**	refund
la forme	shape	**rembourser**	to refund
la laine	wool	**serré(e)**	tight
large	wide	**la soie**	silk
la marque	brand	**les soldes** (*m*)	sales
la mode	fashion	**la taille**	size
le paquet-cadeau	gift-wrapped parcel	**le tissu**	material
la pointure	shoe size	**le vendeur/la vendeuse**	shop assistant
en promotion	on special offer	**les vêtements** (*m*)	clothes

Interrogatives

G

'Who' can be translated as follows:

- *Qui ...? / Qui est-ce qui ...?* when it is the subject of the verb:

  Qui *va faire les courses ? /* **Qui est-ce qui** *va faire les courses ?*

- *Qui ...? / Qui est-ce que ...?* when it is the object of the verb, or after a preposition:

  Qui *avez-vous vu ? /* **Qui est-ce que** *vous avez vu ? Avec* **qui** *pars-tu en vacances ? / Avec* **qui est-ce que** *tu pars en vacances ?*

'What' can be translated as follows:

- *Qu'est-ce qui ...?* when it is the subject of the verb:

  Qu'est-ce qui *ne va pas ?*

- *Que ...? / Qu'est-ce que ...?* when it is the object of the verb:

  Que *désirez-vous ? /* **Qu'est-ce que** *vous désirez ?*

- *Quoi ...?* on its own or after a preposition:

  Quoi *? Ce n'est pas vrai !*
  De **quoi** *parles-tu ?*

'Which' can be translated as follows:

- *Quel(le)(s) ...?* when referring specifically to a noun:

  Quelle *marque préfères-tu ?*

- *Lequel/laquelle/lesquels/lesquelles ...?* mean 'which one(s)':

  Laquelle *préfères-tu ?*

TEST YOURSELF QUESTION

Complétez les phrases pour créer de courts dialogues. Vous pouvez utiliser les idées de la case page 49 si vous en avez besoin.

1 Quels .... ?
   Dans mon village, il y a une épicerie, une boulangerie et une boucherie.
2 Qu'est-ce qu' .... ?
   Au marché, on peut acheter toutes sortes de fruits et de légumes.
3 Quelles .... ?
   Je vais prendre ces bananes-ci, parce qu'elles ne sont pas trop mures.
4 Est-ce que .... ?
   Je voudrais un pantalon bleu marine.
5 J'aime bien ce pullover.
   .... ?
   Celui que la vendeuse m'a montré.
6 Que .... ?
   Nous voudrions acheter des lunettes de soleil.
7 Je voudrais essayer la robe.
   .... ?
   Celle qui est derrière vous.
8 C'est l'anniversaire de ma grand-mère. Qu'est-ce qu' .... ?
   Des fleurs, peut-être ?
9 Quel .... ?
   Pour maman, je vais commander le sac en cuir.

…bananes préférez-vous ?	…on peut acheter au marché ?
…cadeau vas-tu commander pour ta mère ?	…on va lui acheter ?
…désirez-vous ?	Laquelle ?
…magasins y a-t-il dans ton village ?	Lequel ?
	Je peux vous aider ?

Ensuite, inventez d'autres réponses aux questions que vous avez créées.

COMMON PITFALLS

Take care with the pronunciation of complex question phrases, especially *Qu'est-ce que ?* which sounds like 'kesk(er)' and *Qu'est-ce qui ?* which sounds like 'keski'.

EXAM-STYLE QUESTION

Lisez l'e-mail de Charlotte, puis répondez aux questions **en français**.

Salut !

Je t'écris pour te raconter ce qui s'est passé samedi dernier. Tu sais que j'ai horreur du shopping. Je préfère faire mes devoirs !

D'abord, je voulais acheter des cadeaux de Noël pour ma famille. C'est bien de leur faire plaisir, mais je ne sais jamais quoi acheter. Mon frère a besoin d'un nouveau portable, mais c'est trop cher. Finalement je lui ai pris un bracelet connecté. J'espère qu'il va l'utiliser. Pour ma mère, c'est encore plus difficile. Elle aime les vêtements, mais elle veut les essayer avant de les acheter. Après avoir cherché pendant plus d'une heure j'ai trouvé une belle écharpe. J'espère qu'elle va lui plaire. Mon père, lui, est très sportif, mais je n'ai rien trouvé pour lui. Je vais devoir commander son cadeau en ligne.

C'était l'heure du déjeuner et j'avais l'intention de piqueniquer dans le parc, mais il a commencé à pleuvoir, donc mes sandwichs sont restés dans mon sac à dos. Et j'avais faim ! L'après-midi, j'ai cherché des vêtements pour moi. Je suis allée à ma boutique préférée, dans une petite rue de l'autre côté de la rivière, mais elle était fermée. Alors je suis retournée au centre-ville et j'ai regardé toutes les vitrines. Il n'y avait absolument rien ! Et puis le dernier problème… je voulais rentrer à la maison mais le dernier autobus était déjà parti. J'ai dû téléphoner à ma mère et elle est venue me chercher en voiture. Au moins, ça m'a couté moins cher que l'autobus !

Charlotte

1 Qu'est-ce que Charlotte déteste faire ?   [1]
2 Pour quelle occasion Charlotte voulait-elle acheter des cadeaux ?   [1]
3 Qu'est-ce que Charlotte a acheté pour son frère ?   [1]
4 Pourquoi est-il difficile d'acheter des vêtements pour la mère de Charlotte ?   [1]
5 Pendant combien de temps Charlotte a-t-elle cherché un cadeau pour sa mère ?   [1]
6 Comment Charlotte va-t-elle acheter un cadeau pour son père ?   [1]
7 Pourquoi Charlotte n'a-t-elle pas mangé ses sandwichs ?   [1]
8 Pourquoi Charlotte n'a-t-elle rien acheté dans sa boutique préférée ?   [1]
9 En quittant sa boutique préférée, où est-ce que Charlotte est allée ?   [1]
10 Comment Charlotte est-elle rentrée à la maison ?   [1]

[Total : 10]

Sample answer

1 *du shopping*

Correct.

2 *la famille*

The correct answer is *Noël*; the student appears not to have understood *occasion*.

3 *un bracelet connecté*

Correct.

4 *Elle aime les vêtements.*

The correct answer is *Elle veut les essayer*. The student has lifted the wrong phrase from the text, having perhaps misunderstood *essayer*.

5 *une heure*

The correct answer is *plus d'une heure*. It is important to be precise here.

6 *en ligne*

Correct.

7 *Elle avait faim.*

The correct answer is *Il a commencé à pleuvoir*. The student has perhaps not understood the expression *avoir faim*.

8 *Il n'y avait absolument rien !*

The correct answer is *Elle était fermée*. The student has confused two different stages in Charlotte's shopping trip.

9 *au centre-ville*

Correct.

10 *en autobus*

The correct answer is *en voiture*. The student has not fully understood the last section of the text.

EXAM TIP

When writing comprehension answers in French, write only what is necessary to answer the question. Don't include extra material which might confuse your answer.

Turn to page 111 for more practice of this style of reading question.

Key vocabulary

l'achat (*m*)	purchase	la livre (sterling)	pound (currency)
l'appel (*m*)	(telephone) call	l'ordinateur (*m*) portable	laptop
le billet	bank note	le passeport	passport
le carnet de chèques	chequebook	la pièce (de monnaie)	coin
la carte bancaire	bank card	la pièce d'identité	identity document
la carte de crédit	credit card	le portable	mobile phone
la carte d'identité	identity card	rester en contact avec	to stay in touch with
le colis	parcel	retirer	to withdraw (cash)
le compte en banque	bank account	le service	service
déposer	to deposit (cash)	la somme	sum
le distributeur de billets	cash dispenser	téléphoner à	to phone
le guichet	counter, ticket office	le timbre	postage stamp

Relative pronouns

- *Qui* is the subject of the verb that follows, for example:

  *la dame **qui habite** en face de chez moi (la dame habite en face de chez moi)*

  *un produit **qui est** en promotion (le produit est en promotion)*

- *Que* is the object of the verb that follows, for example:

  *le portable **que j'ai acheté** (j'ai acheté le portable)*

  *l'employé **que** nous **connaissons** (nous connaissons l'employé)*

- If the *que* is followed by a verb in the perfect tense, then the past participle has to agree with the gender and number of the noun that it refers back to:

  *l'objet **que j'ai perdu***

  *les objets **que j'ai perdus***

  *la clé **que j'ai perdue***

  *les clés **que j'ai perdues***

- After a preposition, use qui when referring to a person and *lequel/laquelle/lesquels/lesquelles* when referring to an object:

  *la vendeuse **à qui** j'ai parlé*

  *le sac **dans lequel** j'ai mis mes achats*

TEST YOURSELF QUESTION

Qu'est-ce que vous diriez dans les situations suivantes ?

Exemple : 1 Est-ce que je peux changer ces livres sterling en euros ?

1 Vous êtes à la banque. Vous avez des livres sterling mais vous avez besoin d'euros.
2 Vous êtes à la banque. Vous voulez savoir combien d'argent vous avez sur votre compte.
3 Vous êtes à la banque. Vous cherchez le distributeur de billets automatique.
4 Vous êtes à la banque. Vous voulez savoir si vous pouvez utiliser votre carte de crédit.
5 Vous êtes à la poste. Vous voulez envoyer un colis et vous voulez savoir le prix.
6 Vous êtes à la poste. Vous voulez envoyer trois cartes postales en Angleterre et vous avez besoin de timbres.
7 Vous êtes à la poste. Vous allez envoyer un colis en Espagne et vous voulez savoir quand le colis va y arriver.
8 Vous êtes à la poste. Votre sœur collectionne les timbres et vous voulez savoir si vous pouvez acheter des timbres de collection ici.

Ensuite, préparez une réponse à chaque question.

Key vocabulary

l'annonce (*f*)	advertisement, announcement	les objets perdus	lost property
en argent	made of silver	en or	made of gold
la bague	ring	le parapluie	umbrella
la caisse	checkout, till	perdre	to lose
le cartable	school bag	la perte	loss
la carte Vitale	health insurance card	en plastique	made of plastic
la clé	key	le portefeuille	wallet
la couleur	colour	poster	to post, to mail
déclarer	to report	retrouver	to recover, to find
décrire	to describe	le sac à main	handbag
les gants (*m*)	gloves	la valise	suitcase
laisser	to leave (an object)	le vol	theft
		voler	to steal

Direct and indirect object pronouns

The direct object pronouns are:

me	me
te	you
le/la	him/her/it
nous	us
vous	you
les	them

The indirect object pronouns are:

me	to/for me
te	to/for you
lui	to/for him/her
nous	to/for us
vous	to/for you
leur	to/for them

After a direct object pronoun, if there is a past participle then it must agree with the gender and number of the pronoun:

Mes clés ? Je les ai trouvées.

TEST YOURSELF QUESTION

Vous allez entendre quatre conversations au bureau des objets trouvés. Remplissez la grille en français. Donnez autant de détails que possible.

	Objet(s) perdu(s)	Où	Quand
1			
2			
3			
4			

EXAM-STYLE QUESTION

La communication

Écrivez un article à ce sujet pour le magazine de votre collège. Écrivez 130-140 mots **en français**.

- Aimez-vous écrire des lettres ? Pourquoi (pas) ?
- Décrivez la dernière fois que vous avez reçu une lettre intéressante.
- Préférez-vous faire des recherches à la bibliothèque ou en ligne ? Donnez vos raisons.
- Qu'est-ce que vous avez fait la dernière fois que vous êtes allé(e) à la bibliothèque ?
- Comment utiliserez-vous Internet la semaine prochaine ?

Sample answer

J'aime écrire des lettres parce que mes copines aiment en recevoir. Mais je n'en écris pas très souvent parce que ça prend du temps.

A very good response to the first bullet point, especially with the object pronoun *en* used correctly twice.

À Noël, j'ai envoyé une lettre intéressante. J'ai raconté à mon grand-père comment j'avais passé les grandes vacances et il a été très heureux de recevoir la lettre.

The French is excellent but unfortunately the student seems to have misread the bullet point; it is meant to be about a letter the student has received, not written.

Quand j'ai des devoirs à faire, je préfère chercher des renseignements en ligne. C'est rapide et gratuit. Mais il ne faut pas toujours croire tout ce qu'on trouve sur Internet.

A very good response to the third bullet point, using a wide range of grammatical structures.

Je vais à la bibliothèque de temps, en temps, quand je veux lire le journal ou un magazine. C'est très calme et on peut bien se concentrer.

The French is excellent but the student has answered the bullet point in the wrong tense.

La semaine prochaine, j'enverrai des e-mails et je chercherai des renseignements pour faire mes devoirs. J'écouterai de la musique en ligne et j'utiliserai Skype.

The student has successfully used the future tense of four different verbs. However there could be more variety of structures, e.g. by including adverbs of frequency or by using verb constructions such as *je voudrais* and *j'ai l'intention de*.

Turn to page 111 for more practice of this style of writing question.

EXAM TIP

In the 130–40-word writing task, use as wide a variety of structures as possible, provided that they are appropriate for the task.

Key vocabulary

l'agriculteur/l'agricultrice	farmer	le papier	paper
bio(logique)	organic	persuader	to persuade
la bouteille	bottle	le piéton	pedestrian
la canette	can	le plastique	plastic
cassé(e)	broken	propre	clean
chimique	chemical	protéger	to protect
dangereux (-euse)	dangerous	ramasser	to pick up
les déchets (*m*)	scrap, waste	recycler	to recycle
l'environnement (*m*)	environment	sauvage	wild
le feu	fire	sauver	to save (rescue)
la forêt	forest	sec (sèche)	dry
l'incendie (*m*)	fire	trier	to separate
jeter	to throw away		

Falloir and *devoir* **G**

The verb *falloir* means 'to be necessary' and is only used in the *il* form:

> *Il faut recycler les bouteilles.*
> It is necessary to/We must/People must recycle bottles.

The verb *devoir* means 'must' or 'to have to' and is used in all forms:

> *Je dois réfléchir.*
> I must think.

> *Les gens doivent ramasser leurs déchets.*
> People must pick up their rubbish.

To express the idea of 'must not', you can put *il faut* into the negative form:

> *Il ne faut pas polluer l'eau.*
> We/People must not pollute the water.

You can also use other constructions such as:

> *On n'a pas le droit de faire des barbecues.*
> We/People must not have barbecues.

> *Les produits chimiques sont interdits.*
> We/People must not use chemicals.

TEST YOURSELF QUESTION

Lisez le texte, puis reliez les débuts et les fins de phrase. Attention ! il y a trois fins de phrase de trop.

> **Comment protégez-vous votre environnement ?**
>
> **Jules**
>
> « Chez moi, on recycle les bouteilles, le papier et le plastique, et on essaie de réutiliser les emballages. Il est facile de faire le tri et ça aide à protéger notre monde. Quand je sors, je préfère prendre l'autobus ou le train au lieu de demander à mes parents de m'emmener. Les véhicules polluent l'air et je veux respirer de l'air frais. Il faut aussi penser aux animaux sauvages, donc je ne jette pas mes déchets dans la nature. »

Rose

« Je sais qu'il faut protéger l'environnement, mais ce n'est pas toujours facile. Je n'ai pas le temps de recycler. Cependant, je fais attention à ne pas gaspiller l'eau à la maison, car c'est une ressource très précieuse. Dans notre jardin, nous avons un composteur domestique dans lequel nous déposons nos déchets organiques de cuisine. C'est bien pour les vers de terre et les insectes. Quand je suis en vacances, je respecte toujours la nature. »

1	Jules fait beaucoup de...	a	voiture.
2	Jules essaie de ne pas prendre la...	b	eau.
		c	train.
3	Jules essaie de réduire la...	d	recyclage.
4	Pour Rose, le recyclage prend trop de...	e	air.
		f	insectes.
5	Rose économise l'...	g	temps.
6	Rose pense que le composteur domestique est utile pour les...	h	vacances.
		i	pollution de l'air.

Key vocabulary

agir	to act
l'aire (*f*)	area, zone
améliorer	to improve
la cabane	hut
consommer	to consume
le covoiturage	car-sharing
la découverte	discovery
économiser	to save (use less)
l'emballage (*m*)	packaging
l'espèce (*f*)	species
le geste	act, deed
interdit(e)	forbidden
loger	to stay (in a place)

le parc national (les parcs nationaux)	national park
la pêche	fishing
le plaisir	pleasure
en plein air	in the open air
se rafraîchir	to have a cool drink
réfléchir	to think
résoudre	to solve
respecter	to follow, to observe (a rule, a law etc.)
réutiliser	to reuse
le sac en plastique	plastic bag
le sentier	path
le territoire	land, area

Present participle

The present participle of all French verbs ends in *-ant*. It is the equivalent of the '-ing' form in English, but it is used much less often.

The most common construction is *en* + present participle, which can mean 'by ...ing', 'while ...ing' or 'in ...ing':

Je protège l'environnement en recyclant le papier. ...by recycling paper.
En me promenant dans la forêt j'ai vu des bouteilles cassées.
While walking in the forest...

Don't be tempted to use the French present participle to describe a continuous action. Instead, use the normal present or imperfect tense:

Je travaille dans le jardin.
I **am working** in the garden.

Je travaillais dans le jardin.
I **was working** in the garden.

TEST YOURSELF QUESTION

Répondez aux questions en français. Écrivez des phrases complètes et donnez autant de détails que possible. Si vous voulez vous pouvez utiliser les mots de la case.

1 Comment protégez-vous l'environnement quand vous êtes à la maison ?
2 Comment vous déplacez-vous normalement ?
3 Que pensez-vous du recyclage ?
4 Pourquoi faut-il réduire l'utilisation de sacs en plastique ?
5 Dans votre école, quels efforts fait-on pour protéger l'environnement ?
6 En ville, comment peut-on réduire la pollution de l'air ?
7 À l'avenir, que ferez-vous pour mieux protéger l'environnement ?

8 Quand êtes-vous allé(e) dans la nature pour la dernière fois ? Qu'est-ce que vous avez fait ?
9 Quelle est l'importance des parcs nationaux ?

eau	papier	limitations de vitesse
déchets	poubelle	
composteur	dangereux	piétons
voiture	se dégrader	emballage
pied	conserver	laisser
vélo	lumières	paysages
verre	transports en commun	zones sensibles

COMMON PITFALLS

Take care with negatives, making sure that *ne* and *pas* go in the right place. Remember that if you have two verbs together the negative goes around the first verb.

EXAM-STYLE QUESTION

Vous allez entendre une publicité pour le parc national des Pyrénées.

Vous allez entendre la première partie de la publicité deux fois. Pour les Questions **1-5**, cochez (✓) la bonne case, **A**, **B** ou **C**.

Vous avez d'abord quelques secondes pour lire les Questions **1-5**.

1 Le parc national des Pyrénées a été classé en...
  A 1967.
  B 1977.
  C 1987. [1]
2 On dit que les ... sont remarquables.
  A découvertes
  B frontières
  C paysages [1]
3 La création du parc national des Pyrénées a assuré ... de certaines espèces animales.
  A la commercialisation
  B la protection
  C la réintroduction [1]
4 Dans le parc national des Pyrénées on n'a pas le droit de conduire...
  A sur certaines routes.
  B à certaines périodes de l'année.
  C un certain type de véhicule. [1]
5 Dans le parc national des Pyrénées la pêche est...
  A encouragée.
  B règlementée.
  C interdite. [1]

Vous allez entendre la deuxième partie de la publicité deux fois. Pour les Questions **6-9**, cochez (✔) la bonne case, **A**, **B** ou **C**.

Vous avez d'abord quelques secondes pour lire les Questions 6-9.

6   Jean-Luc...
    A   vient de visiter les Pyrénées pour la première fois. ☐
    B   avait déjà visité les Pyrénées une fois. ☐
    C   a oublié combien de fois il a visité les Pyrénées. ☐ **[1]**

7   L'hôtel était bien situé pour...
    A   faire du vélo et de l'équitation. ☐
    B   faire de la marche et du vélo. ☐
    C   faire de l'équitation et de la marche. ☐ **[1]**

8   Un copain de Jean-Luc lui a conseillé ...
    A   de passer la nuit dans une cabane. ☐
    B   d'admirer la vue depuis une cabane. ☐
    C   de préparer un repas dans une cabane. ☐ **[1]**

9   Jean-Luc a passé la nuit...
    A   à dormir. ☐
    B   à profiter de la faune nocturne. ☐
    C   à lire un guide sur la région. ☐ **[1]**

[Total : 9]

Sample answer

1   A

Correct.

2   B

The correct answer is C. The adjective *remarquables* refers back to the phrase *paysages (de haute altitude)*.

3   B

Correct.

4   A

The correct answer is C. The recording makes no reference to specific roads but mentions that the driving of four-wheel drive cars is forbidden.

5   B

Correct.

6   C

The correct answer is A. The speaker states that this is his first visit: *Je n'avais jamais visité la région auparavant.*

7   B

Correct.

8   C

The correct answer is A.

9   B

Correct.

EXAM TIP

Numerals can sometimes cause difficulties in listening exercises. Make sure you are comfortable transcribing numerals that you hear, focusing on potentially confusing pairs such as 3/13, 14/15, 48/80 and 66/76.

Turn to page 112 for more practice of this style of listening question.

3.5 Weather

Key vocabulary

l'est (*m*)	east	il fait froid	it's cold
le nord	north	il fait mauvais	the weather is bad
l'ouest (*m*)	west	il fait soleil	it's sunny
le sud	south	il fait du brouillard	it's foggy
en automne	in the autumn	il fait du vent	it's windy
en été	in summer	la chaleur	heat
en hiver	in winter	le ciel	sky
au printemps	in the spring	la neige	snow
il neige	it's snowing	le nuage	cloud
il pleut	it's raining	l'orage (*m*)	storm
le temps est nuageux	it's cloudy	la pluie	rain
il fait beau	the weather is fine	la saison	season
il fait chaud	it's hot	la tempête	storm

Si + present + future **G**

The conjunction *si* is used with the present and future tenses, for example:

> *S'il **neige**, nous **resterons** à la maison.*
> If it snows, we'll stay at home.

> *S'il **fait** beau, je **ferai** une randonnée.*
> If it's nice, I'll go for a walk.

> *Que **ferez**-vous s'il y **a** du brouillard ?*
> What will you do if it's foggy?

REVISION TIP

Use technology to build your vocabulary. Which app do you find most useful?

TEST YOURSELF QUESTION

Quel temps va-t-il faire demain ? Écoutez les prévisions météorologiques. Cochez (✓) les cases appropriées dans la grille.

1								
2								
3								
4								
5								
6								

REVISION TIP

Listen out for time phrases such as *après*, *avant*, *puis*, *ensuite*, which tell you the order in which things happen.

Key vocabulary

actuel(le)	current, present-day	**le lien**	link
s'améliorer	to get better, to improve	**le niveau**	level
le changement	change	**le réchauffement**	warming
climatique	(of the) climate	**reculer**	to shrink (*lit.* to move back)
contribuer	to contribute		
se dégager	to clear	**le résultat**	result
dépasser	to exceed	**réussir à**	to succeed in
disparaitre	to disappear	**revenir**	to come back
l'éclaircie (*f*)	bright spell	**la sècheresse**	drought
ensoleillé(e)	sunny	**souffler**	to blow
le facteur	factor	**la terre**	earth
humide	damp	**tomber**	to fall
l'inondation (*f*)	flood	**le tonnerre**	thunder

Subjunctive

The subjunctive is a form of the verb which is used in certain contexts such as after *il faut que, je veux que* and *avant que*. It is not a tense. You are not expected to use the subjunctive in the IGCSE examination, but you may come across it in the French that you see and hear. Therefore, it is useful to be able to recognise it. Here are some examples of regular and irregular verbs in the subjunctive:

jouer	*finir*	*attendre*	*être*	*avoir*	*aller*
je joue	*je finisse*	*j'attende*	*je sois*	*j'aie*	*j'aille*
tu joues	*tu finisses*	*tu attendes*	*tu sois*	*tu aies*	*tu ailles*
il/elle/on joue	*il/elle/on finisse*	*il/elle/on attende*	*il/elle/on soit*	*il/elle/on ait*	*il/elle/on aille*
nous jouions	*nous finissions*	*nous attendions*	*nous soyons*	*nous ayons*	*nous allions*
vous jouiez	*vous finissiez*	*vous attendiez*	*vous soyez*	*vous ayez*	*vous alliez*
ils/elles jouent	*ils/elles finissent*	*ils/elles attendent*	*ils/elles soient*	*ils/elles aient*	*ils/elles aillent*

TEST YOURSELF QUESTION

Lisez le texte sur les changements climatiques en Suisse et complétez-le en choisissant les bons mots dans la liste.

L'industrie la plus importante en Suisse est le tourisme. Depuis plus de 200 ans des milliers de .... viennent faire du ski dans les Alpes qui couvrent 60 % de la superficie du .... Mais sans neige, on ne peut pas skier. Et la neige se fait de plus en plus rare en Suisse. La Terre se réchauffe et la .... de ski devient plus courte. Un degré de plus contribue à faire reculer les .... de plusieurs kilomètres en une dizaine d'années. Les conséquences s'en ressentent dans les stations de ski. Et beaucoup ont du mal à atteindre 100 jours d'.......... avec de la neige naturelle.

La neige est importante non seulement pour le tourisme mais aussi pour l'.......... et la végétation. La neige retient l'eau en hiver et la libère au printemps et en .... La neige protège également la végétation du gel. Un autre problème, c'est que la Suisse connait des périodes de sècheresse de plus en plus fréquentes. Et en même temps, la consommation d'eau augmente : les .... en ont besoin pour l'irrigation de leurs terres et les stations de ski stockent de l'eau pour enneiger artificiellement leurs pistes en hiver.

agriculteurs	été	ouverture	saison
eau	glaciers	pays	touristes

When describing the weather, don't use the verb *il fait* with *pleut* and *neige*, because *pleuvoir* and *neiger* are verbs in their own right. You just say: *il pleut*, *il neige*.

EXAM-STYLE QUESTION

Conversation générale : répondez à ces questions en français. Cette conversation doit durer quatre minutes.

Les vacances

1 En général, quel temps préfères-tu ? Pourquoi ?
2 Qu'est-ce que tu as fait la dernière fois qu'il a plu ?
3 Qu'est-ce que tu feras le weekend prochain s'il fait très mauvais ?
4 Comment est-ce que les changements climatiques affectent ton pays ?
5 Quelles seront les conséquences de ces changements si on ne fait rien pour les combattre ?

Sample answer

1 En général, je préfère le beau temps et la chaleur. J'aime bronzer sur la plage et on ne peut pas le faire quand il pleut.

A good answer, which includes the *on* form of the verb for added variety.

2 Il a plu hier, toute la journée. Normalement quand il pleut je reste à la maison et je regarde la télévision ou j'écoute de la musique.

The first sentence is good, especially with the added detail *toute la journée*. But the student has then slipped into the present tense instead of describing what (s)he did on that day in the perfect tense. The second sentence is also quite repetitive with three successive clauses beginning with *je*.

3 J'espère qu'il fera beau le weekend prochain. Mais s'il fait mauvais je resterai probablement à la maison et je jouerai sur l'ordinateur. Je pourrais aussi aller au cinéma avec des copains.

A very good answer which includes several different grammatical structures and avoids unnecessary repetition.

4 Dans mon pays, il fait assez chaud en été, mais quelquefois il pleut et le temps est nuageux. En hiver, il ne neige pas beaucoup, mais la plupart du temps il fait froid et il y a du vent.

The student has used a good variety of structures and vocabulary but has not addressed the question. The response could be improved by adding *plus*, e.g. *il fait plus chaud en été*, and by using verbs such as *devenir* and *se réchauffer*.

5 Si on ne fait rien, ce sera très dangereux pour la planète. Le niveau de la mer montera et il fera de plus en plus chaud en été, avec moins de pluie. Cela sera mauvais pour les agriculteurs et pour la population en général.

A very good answer which includes several verbs in the future tense and an appropriate range of vocabulary.

EXAM TIP

In the general conversation, not every answer has to be the same length. Some questions lend themselves to longer answers than others.

Turn to page 113 for more practice of this style of speaking question.

3.6 Finding the way

Key vocabulary

l'arrêt (*m*) de bus	bus stop		jusqu'à	as far as
le bout	end		la passerelle	footbridge
le carrefour	junction, crossroads		la piste cyclable	cycle track
célèbre	famous		le plan de la ville	street map
le chemin	way		se rendre	to go (to a specific place)
le côté	side		la rivière	river
à droite	to/on the right		le rondpoint	roundabout
l'endroit (*m*)	place		la rue	street
en face de	opposite		la sortie	exit
les feux (*m*) (de signalisation)	traffic lights		la station-service	petrol station
			tout droit	straight ahead
à gauche	to/on the left		se trouver	to be situated
l'icône (*f*)	icon		traverser	to go across

Ceci, cela and *ça*   Ⓖ

In principle *ceci* means 'this' and *cela* means 'that' when not referring to a specific noun. However, French sometimes uses *cela* to mean 'this', as in the asterisked* example below. The word *ça* is a shortened form of *cela*, used mainly in speech.

Ceci est un plan du centre-ville.
This (right in front of me) is a street map of the town centre.

Vous aurez besoin de ceci.
You will need this (object I am giving you).

Après cela, nous irons regarder un film.
After that we'll go and watch a film.

Tu peux trouver cela avec ton portable.
You can find that (or this) on your phone.*

Oui, c'est ça !
Yes, that's it.

TEST YOURSELF QUESTION 🎧

Vous êtes à l'office de tourisme Ⓘ. Regardez le plan et écoutez les directions. Écrivez le numéro qui correspond à chaque destination.

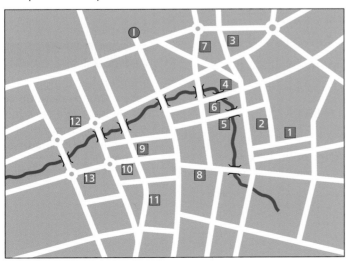

Destination	Numéro
le bureau de poste	
l'hôpital	
le commissariat de police	
le musée	
le cinéma	
la piscine	

REVISION TIP

When practising listening activities, be prepared to pause the recording frequently and listen to passages again so that you understand the detail.

Key vocabulary

l'adresse (*f*)	address	la promenade en bateau	boat trip
la balade	trip, outing	à proximité	nearby
le centre historique	historic centre	puis	then, next
la colline	hill	le quai	quay
continuer	to carry on	les renseignements (*m*)	information
la côte	hill, incline	renseigner	to inform, to give information
se garer	to park		
indiquer	to show, to tell	la route principale	main road
montrer	to show	suivre	to follow
parfait(e)	perfect	le toit	roof
le passage pour piétons	pedestrian crossing	tout de suite	straight away
la plage	beach	utile	useful
proche	near	la vieille ville	old town

Word order with pronouns   **G**

Pronouns normally go between the subject and the verb, for example:

Vous la verrez sur votre droite.   You will see it on your right.

Nous les avons vus hier.   We saw them yesterday.

If there are two verbs, the pronoun goes between them, for example:

Je vais vous montrer l'église.   I'm going to show you the church.

On peut y aller maintenant.   We can go there now.

If there is a negative, the pronoun goes after the *ne*, for example:

Je ne le connais pas.   I don't know him.

Vous n'y êtes jamais allés ?   Have you never been there ?

COMMON PITFALLS

Remember that nouns are either masculine or feminine. Take care to use the right word for 'it' when referring to an object or place.

TEST YOURSELF QUESTION

1 Reliez chaque réponse à la question qui convient le mieux.
2 Inventez une réponse différente à chaque question.

Questions

1 Excusez-moi, où se trouve la gare ?
2 Pardon, madame. Je cherche le château. Savez-vous où il se trouve ?
3 Les magasins, ils sont loin d'ici ?
4 On peut aller au centre-ville à pied ?
5 Où est-ce que je peux trouver un plan de la ville ?
6 Vous désirez des renseignements ?
7 Quel genre d'endroits préférez-vous visiter ?
8 Quel restaurant recommandez-vous ?

Réponses

a Non, c'est trop loin. Prenez l'autobus numéro 10.
b Oui, je voudrais savoir si on peut louer des vélos.
c Elle se trouve sur la colline, au bout de cette rue.
d Celui qui se trouve en face du château est très bon.
e Je m'intéresse surtout aux bâtiments historiques.
f Il se trouve à côté de la cathédrale.
g Non, ils sont à cinq minutes à pied.
h Allez au musée, juste en face de la gare.

REVISION TIP

When revising your spoken French pay attention to the liaison where you pronounce the normally silent final consonant of a word if it is followed by a vowel. Listen for examples in the French that you hear and imitate them.

EXAM-STYLE QUESTION

En ville

Écrivez un article à ce sujet pour le magazine de votre collège. Écrivez 130-140 mots **en français**.

- Aimez-vous faire du tourisme en ville ? Pourquoi (pas) ?
- Quelle est la dernière ville que vous avez visitée ? Qu'est-ce que vous y avez fait ?
- Qu'est-ce que vous avez pensé de la ville ?
- À l'avenir, quelle ville voudriez-vous visiter ? Pourquoi ?
- Qu'est-ce que vous espérez faire dans cette ville ?

Sample answer

Je préfère passer mes vacances à la plage parce que j'aime me baigner dans la mer et je peux me relaxer toute la journée.

The French is good, but the student has not addressed the bullet point satisfactorily. If the student does not like visiting towns it would be better to explain why not.

Il y a trois semaines je suis partie en voyage scolaire à Paris. Nous y sommes restés quatre jours et nous avons visité beaucoup de sites historiques. Un soir nous avons fait une promenade en bateau sur la Seine.

This is a good paragraph which includes several verbs in the perfect tense. It could be improved further by varying the sentence structure, e.g. by linking two clauses with *avant de* or *après avoir/être*. However the response as a whole is slightly longer than it needs to be, so a sentence could be cut either here or in the last paragraph.

Paris est une ville extraordinaire. Tout le monde connait la tour Eiffel et je n'ai pas été déçue quand je l'ai vue pour la première fois. La cathédrale de Notre-Dame m'a aussi beaucoup plu.

Excellent use of complex language here, with different ways of expressing the idea of liking something.

> À l'avenir, je voudrais visiter Paris. C'est une ville extraordinaire et la tour Eiffel est connue dans le monde entier.

This paragraph merely repeats the information given previously and adds little value to the response. It would be better to write about any other town or city.

> Pendant ma prochaine visite, je voudrais me promener sur les quais de la Seine. Je voudrais visiter une exposition au Grand Palais et je voudrais louer un vélib' pour profiter de l'ambiance de la capitale.

There is a good range of ideas here, but the student has unnecessarily used *je voudrais* three times. It would be better to use a variety of constructions referring to the future, e.g. the future tense, *aller* + infinitive, *espérer* + infinitive, *avoir l'intention de* + infinitive.

EXAM TIP

In the 130–40-word writing task, use a variety of verb tenses even where not explicitly required by the bullet point.

Turn to page 113 for more practice of this style of writing question.

3.7 Travel and transport

Key vocabulary

aller-retour	return (ticket)	**gratuit(e)**	free of charge
l'avion (*m*)	aeroplane	**mener**	to lead
le bateau à voile	sailing boat	**la Mobylette**	moped
la bicyclette	bicycle	**au moins**	at least
le billet	ticket	**la moto**	motorcycle
le camion	lorry	**mouillé(e)**	wet
la camionnette	van	**le moyen de transport**	means of transport
le car	coach, bus	**se plaindre de**	to complain about
la croisière	cruise	**en pleine campagne**	in the open countryside
se déplacer	to move around	**presque**	almost
économiser	to save (time)	**le ramassage scolaire**	school transport
emmener	to take (a person somewhere)	**le trajet**	journey
		voyager	to travel

En and *à* with modes of transport

With most modes of transport, use *en* to mean 'by':

> *en avion*
> *en bateau*
> *en bus*
> *en camionnette*
> *en métro*
> *en taxi*
> *en train*
> *en voiture*

But use *à* with two-wheeled transport and to mean 'on foot':

> *à bicyclette*
> *à Mobylette*
> *à moto*
> *à pied*
> *à vélo*

Often it is more natural to use a verb followed by the definite article:

> *Nous allons prendre le train.*
> We'll go by train.

TEST YOURSELF QUESTION

Vous planifiez des trajets. Répondez aux questions suivantes en français. Vous devez choisir un moyen de transport différent pour chaque trajet. Vous pouvez utiliser les mots de la case.

Exemple : — Comment irez-vous au cinéma ? Pourquoi ?
   — *J'y irai à Mobylette parce que ce n'est pas loin.*

1 Comment irez-vous au Canada ? Pourquoi ?
2 Comment irez-vous à la plage ? Pourquoi ?
3 Comment irez-vous à Paris ? Pourquoi ?
4 Comment irez-vous à l'aéroport ? Pourquoi ?
5 Comment irez-vous en Corse ? Pourquoi ?
6 Comment irez-vous au centre commercial ? Pourquoi ?
7 Comment irez-vous chez votre voisin ? Pourquoi ?

agréable	dangereux	rapide	pas de voiture
bon pour la santé	gratuit	à côté	pas de transports en commun
cher	intéressant	pas de parking	moins ... que
confortable	pratique	pas d'arrêt d'autobus	plus ... que

Practise giving reasons for your preferences and try to make them as specific as possible. Avoid general statements such as *J'aime ça parce que c'est bien*.

Key vocabulary

abordable	affordable	**manquer**	to miss (e.g. bus)
convaincre	to convince	**nombreux (-euse)**	numerous
dépendre de	to depend on	**se perdre**	to get lost
enchanté(e)	delighted	**la place assise**	somewhere to sit
énervé(e)	annoyed	**la ponctualité**	punctuality
la facilité	ease	**pratique**	practical, convenient
faire le tour de	to go around	**prêt(e)**	ready
frapper	to strike	**quotidien(ne)**	daily
la fréquence	frequency	**se rendre compte de**	to realise
grave	serious	**se servir de**	to use
les habitants (*m*)	inhabitants	**le témoignage**	evidence
impressionné(e)	impressed	**le tramway**	tram
l'itinéraire (*m*)	route		

Venir de + infinitive

G

The present tense of *venir de* means 'has/have just', for example:

> *Ils viennent d'arriver.*
> They have just arrived.

> *Qu'est-ce que tu viens de faire ?*
> What have you just done?

The imperfect tense of *venir de* means 'had just', for example:

> *Ils venaient d'arriver quand…*
> They had just arrived when…

> *Le train venait de partir.*
> The train had just left.

TEST YOURSELF QUESTION

Répondez aux questions en français. Écrivez des phrases complètes et donnez autant de détails que possible. Si vous voulez vous pouvez utiliser les mots de la case.

1 Quand vous vous déplacez en ville, quel est votre moyen de transport préféré ? Pourquoi ?
2 Quand vous partez en vacances, quel est votre moyen de transport préféré ? Pourquoi ?
3 Quel moyen de transport n'aimez-vous pas ? Pourquoi ?
4 Comment sont les transports en commun dans votre ville ?
5 À votre avis, quels sont les avantages des transports en commun ?
6 Quand avez-vous pris le bus pour la dernière fois ? Décrivez le trajet.
7 Quand avez-vous fait un long voyage pour la dernière fois ? Décrivez le voyage.
8 À l'avenir, quel moyen de transport utiliserez-vous pour aller au travail ? Pourquoi ?
9 Est-ce qu'un jour les transports en commun remplaceront les voitures ? Pourquoi (pas) ?

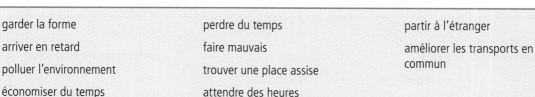

garder la forme	perdre du temps	partir à l'étranger
arriver en retard	faire mauvais	améliorer les transports en commun
polluer l'environnement	trouver une place assise	
économiser du temps	attendre des heures	

REVISION TIP

Practise using different words to link sentences together, such as *parce que*, *car*, *pourtant*, *où*, *quand*.

COMMON PITFALLS

Remember that the tense sequences after *si* and *quand* are different. When writing about the future, use the present tense after *si* (*s'il fait beau je sortirai mon vélo*) but the future tense after *quand* (*quand il fera beau je sortirai mon vélo*).

EXAM-STYLE QUESTION

Lisez ces contributions à un forum de discussion sur les transports. Pour chaque question, cochez (✓) la case qui correspond à la bonne réponse.

Maël

Moi, je préfère aller au collège à vélo. Ça m'aide à garder la forme et c'est trop loin pour y aller à pied. Mais quand il fait mauvais ma mère m'emmène au collège en voiture. Le trajet peut être long à cause de la circulation. C'est énervant. Le weekend, je prends l'autobus pour me rendre en ville. Mon frère, lui, vient d'acheter une moto mais moi, je n'en aurai jamais une parce que c'est trop dangereux.

Julia

Ma famille et moi nous venons de passer nos vacances à Genève. Nous avons loué une voiture mais en fait nous n'en avions pas vraiment besoin. La ville a un excellent réseau de tramway à des prix abordables et on l'a utilisé plusieurs fois pour visiter différents endroits. On vient de construire une nouvelle ligne qui traverse la frontière française.

Enzo

La semaine dernière j'ai manqué l'autobus et j'ai dû attendre une demi-heure sous la pluie. À mon avis, les autobus devraient circuler plus souvent. Je suis impatient d'avoir ma propre voiture, même si cela va encore faire empirer les problèmes environnementaux de la ville. Ce qui compte pour moi, c'est de pouvoir choisir où et quand je me déplace.

1 Pour garder la forme quand il va au collège, Maël...
   A utilise sa bicyclette. ☐
   B marche. ☐
   C fait de la musculation. ☐ [1]
2 Ce qui énerve Maël, c'est que...
   A sa mère ne conduit pas quand il fait mauvais. ☐
   B son collège se trouve loin de chez lui. ☐
   C la circulation peut être difficile. ☐ [1]
3 Le frère de Maël...
   A va bientôt acheter une moto. ☐
   B a déjà une moto. ☐
   C pense que la moto est trop dangereuse. ☐ [1]
4 Pour la famille de Julia, la location d'une voiture n'était pas...
   A facile. ☐
   B nécessaire. ☐
   C possible. ☐ [1]

5 La famille de Julia a utilisé le tramway de Genève...
   A sans payer trop cher.   ☐
   B tous les jours.   ☐
   C pour aller en France.   ☐ [1]

6 Enzo se plaint...
   A du manque de confort des autobus.   ☐
   B des problèmes de circulation causés par les autobus.   ☐
   C de la fréquence des autobus.   ☐ [1]

7 Enzo veut...
   A acheter une voiture confortable.   ☐
   B protéger l'environnement.   ☐
   C se déplacer librement.   ☐ [1]

[Total : 7]

Sample answer

1 B

The correct answer is A. The student has perhaps not understood the phrase *trop loin pour y aller à pied* which implies that Maël doesn't go on foot.

2 C

Correct. The student has made the correct link between *la circulation peut être difficile* in the question and *Le trajet peut être long à cause de la circulation* in the text.

3 A

The correct answer is B. The student appears not to have understood the verb construction *vient de* which means Maël's brother has already bought a motorbike.

4 B

Correct. The student has made the correct link between *une voiture n'était pas nécessaire* in the question and *nous n'en avions pas vraiment besoin* in the text.

5 C

The correct answer is A. Although the text refers to a tram route crossing the French border, we are not told whether Julia and her family used that route.

6 C

Correct. The student has understood that the phrase Les autobus devraient circuler plus souvent is a reference to frequency.

7 A

The correct answer is C. The adjective *propre* in the text has a completely different meaning from *confortable* in option A. The word *librement* in the correct option C corresponds to the phrase *choisir où et quand je me déplace* in the text.

EXAM TIP

In multiple-choice tasks, don't rely on matching single words that occur both in the question and in the text. You will need to understand whole sentences in order to pick the correct option.

Turn to page 113 for more practice of this style of listening question.

Key vocabulary

apprendre	to learn	la fin	end
le baccalauréat	baccalaureate (exam at end of *lycée*)	s'habituer à	to get used to
le brevet des collèges	certificate (equivalent to GCSEs)	le lycée	secondary school (ages 15–18)
le collège	secondary school (ages 11–15)	obtenir	to gain, to obtain
le commencement	beginning	le/la principal(e)	headteacher (in a *collège*)
le diplôme	qualification, diploma	secondaire	secondary
l'enseignant(e)	teacher	la sixième	first year at *collège*
l'enseignement (*m*)	teaching, education	la cinquième	second year at *collège*
l'établissement scolaire	school	le système éducatif	education system
		la terminale	final year at *lycée*
		l'université (*f*)	university

Negatives

G

The most commonly used negatives are:

ne … pas	not	*ne … personne*	no one
ne … plus	no more, no longer	*ne … que*	only
ne … jamais	never	*ne … ni … ni*	neither … nor
ne … rien	nothing	*ne … nulle part*	nowhere

If the verb is a single word, the two parts of the negative normally go around it:

Je n'étudierai plus la géographie.

Pronouns go after the *ne*:

Nous n'y allons jamais.

In the perfect and pluperfect tenses, the second part of the negative goes between the two parts of the verb:

Tu n'as rien appris ?

If the negative is the subject of the sentence, the *ne* comes second:

Personne ne veut quitter ce collège.

TEST YOURSELF QUESTION

Lisez le texte sur les écoles en France et complétez-le en choisissant les bons mots dans la liste.

En France, la plupart des enfants vont à l'école maternelle dès trois ans. Les horaires des maternelles sont généralement de 9h00 à midi et de 14h00 à 16h30. Souvent, les enfants .... deux heures après avoir déjeuné. À l'école maternelle, les enfants n'.......... pas encore à lire, mais découvrent l'alphabet.

L'école primaire – on l'appelle aussi l'école élémentaire – accueille les enfants de six à dix ans. En général, il y a un(e) professeur(e) par classe qui .... toutes les matières. Les enfants font l'apprentissage de la lecture, de l'écriture et des mathématiques. Ils .... aussi bénéficier d'un enseignement dans une langue étrangère.

À l'âge de onze ans, les enfants .... leur première année au collège. Ils doivent s'habituer à de nouvelles matières. Ils ont un nombre plus important de professeurs et ne sont plus toujours dans la même salle de classe. Ils ont aussi plus de devoirs à faire – et un cartable plus lourd ! Les élèves .... au collège jusqu'à l'âge de 15 ans.

Après le collège, il .... choisir un lycée. Pour la plupart des élèves, c'est un choix entre le lycée professionnel et le lycée général et technologique. La dernière année au lycée général et technologique .... la terminale, et c'est à la fin de la terminale que les élèves passent le baccalauréat.

s'appelle	commencent	enseigne	peuvent
apprennent	dorment	faut	restent

REVISION TIP

When learning vocabulary, try sorting the words in different ways — for example having separate lists of nouns, verbs, adjectives etc.

Key vocabulary

anxieux (-euse)	anxious	**se faire des amis**	to make friends
avoir hâte de	to be in a hurry to	**gentil(le)**	kind, nice
le cartable	school bag	**l'heure (*f*) du déjeuner**	lunch time
la cour	playground, schoolyard	**le matériel scolaire**	school equipment
le crayon	pencil	**nerveux (-euse)**	nervous
crier	to shout	**oublier**	to forget
les devoirs (*m*)	homework	**le/la professeur(e)**	teacher
discuter de	to discuss	**se rappeler**	to recall
l'école (*f*) primaire	primary school	**la récréation**	break
l'élève	pupil	**le souvenir**	memory
être impatient(e) de	to look forward to	**se souvenir de**	to remember
expliquer	to explain	**la trousse**	pencil case

(G)

Possessive pronouns

These are the equivalent of *ma, mon, mes* etc. when there is no noun.

	m s	f s	m pl	f pl
mine	*le mien*	*la mienne*	*les miens*	*les miennes*
yours (familiar singular)	*le tien*	*la tienne*	*les tiens*	*les tiennes*
his/hers/its	*le sien*	*la sienne*	*les siens*	*les siennes*
ours	*le nôtre*	*la nôtre*	*les nôtres*	*les nôtres*
yours (polite or plural)	*le vôtre*	*la vôtre*	*les vôtres*	*les vôtres*
theirs	*le leur*	*la leur*	*les leurs*	*les leurs*

— *C'est ton cartable ?*
— *Non, ce n'est pas **le mien**.*

*Mon école primaire était moins sympa que **la tienne**.*

TEST YOURSELF QUESTION

Comparez votre vie scolaire d'aujourd'hui à votre vie scolaire quand vous étiez à l'école primaire. Complétez les phrases suivantes. Vous pouvez utiliser les mots de la case si vous voulez.

1 Aujourd'hui, je me lève à .... , mais quand j'étais à l'école primaire je me levais à ....

2 Aujourd'hui, j'apprends .... , mais quand j'étais à l'école primaire j'.......... .

3 Aujourd'hui, j'ai .... heures de devoirs par jour, mais quand j'étais à l'école primaire ....

4 Aujourd'hui, ma journée préférée est le .... , mais quand j'étais à l'école primaire ....

5 Aujourd'hui, à l'heure du déjeuner, je .... , mais quand j'étais à l'école primaire ....

6 Aujourd'hui, mes professeurs sont .... , mais quand j'étais à l'école primaire ....

7 Aujourd'hui, je n'aime pas .... , mais quand j'étais à l'école primaire ....

8 Aujourd'hui, ... , mais quand j'étais à l'école primaire .... (Choisissez un thème.)

sept heures et quart	jouer	strict	les devoirs
huit heures moins le quart	manger	l'espagnol	la salle de classe
mercredi	bavarder	l'anglais	
lire	sympa	le déjeuner	

COMMON PITFALLS

Remember that you must use the imperfect tense when writing about how things used to be. The perfect tense would imply a single action or event in the past.

EXAM-STYLE QUESTION

Vous allez entendre l'interview de Manon sur l'école primaire et le collège. Vous allez entendre l'interview deux fois.

Il y a deux pauses dans l'interview.

Pour chaque question, cochez (✓) les **deux** bonnes cases (**A-E**).

Vous avez d'abord quelques secondes pour lire les questions.

1 A À l'école primaire, Manon trouvait les jeux trop simples. ☐
  B Manon trouvait les cours assez faciles. ☐
  C Manon avait plusieurs professeurs. ☐
  D Les copines de Manon habitaient près de chez elle. ☐
  E Manon aimait déjeuner à l'école. ☐ **[2]**

2 A Au collège, Manon s'est vite habituée aux nouvelles matières. ☐
  B La matière préférée de Manon est la chimie. ☐
  C Manon n'aime plus les mathématiques. ☐
  D Le frère de Manon trouvait son collège sympa. ☐
  E Manon se dispute rarement avec ses camarades de classe. ☐ **[2]**

3 A Manon n'a pas encore décidé ce qu'elle va faire après le collège. ☐
  B Le frère de Manon est allé au lycée professionnel. ☐
  C Il y a un excellent lycée professionnel près de chez Manon. ☐
  D Le frère de Manon pense que le lycée général et technologique a certains avantages. ☐
  E Si Manon décide de continuer ses études scientifiques, le lycée général et technologique est un bon établissement. ☐ **[2]**

[Total : 6]

Sample answer

1 AD

A is wrong because Manon merely says *On faisait des jeux* without commenting on them further. The first correct answer is B because *assez faciles* corresponds to *pas trop durs* in the recording. Answer D is correct because Manon says ...*plein de copines et de copains qui habitaient tous près de chez moi.*

2 BD

B is correct because *matière préférée* corresponds to *J'aime surtout...* in the recording. D is wrong because Manon says her brother didn't like his collège. The second correct answer is E, because *se dispute rarement* corresponds to *on ne se dispute presque jamais* in the recording

3 BE

B is wrong because Manon does not say which type of *lycée* her brother went to. The first correct answer is A because Manon says *Il y a deux possibilités* in response to the question about her plans. Answer E is correct because Manon says *le lycée général et technologique est meilleur si je veux poursuivre mes études scientifiques.*

EXAM TIP
In this type of task, keep an open mind about all five statements in each group until you have listened to the recording thoroughly.

Turn to page 114 for more practice of this style of listening question.

Cambridge IGCSE™ French Study and Revision Guide

4.2 Further education and training

Key vocabulary

d'accord	in agreement	**l'instituteur/l'institutrice**	teacher (primary school)
cependant	however	**les langues vivantes**	modern languages
l'avenir (*m*)	future	**le maçon**	builder
le brevet d'études professionnelles (BEP)	technical school certificate	**l'occasion** (*f*)	opportunity
le certificat d'aptitude professionnelle (CAP)	vocational training certificate	**passer**	to take (exam)
		pratique	practical
conseiller	to advise	**le/la proviseur(e)**	headteacher (at a *lycée*)
le cuisinier	cook	**réussir**	to pass (exam)
doué(e)	gifted, talented	**le/la scientifique**	scientist
les études (*f*)	studies	**le stage en entreprise**	work placement
la fac(ulté)	university	**suggérer**	to suggest
la grande école	prestigious higher education establishment	**supérieur(e)**	higher
		tout simplement	quite simply

Emphatic pronouns

moi	me
toi	you (familiar singular)
lui	him
elle	her
nous	us
vous	you (plural and polite)
eux	them (masculine)
elles	them (feminine)

These pronouns are used:

- combined with *même* to mean 'self':

  *Je peux faire cela moi-**même**.*

- when standing alone in a sentence:

  *— Qui veut du chocolat ? — **Moi** !*

  *C'est devant **toi**.*

  *Je travaille plus dur que **lui**.*

- for emphasis:

  ***Toi**, tu es douée !*

- after *c'est* and *ce sont*:

  *Ce sont **eux**, les gagnants.*

TEST YOURSELF QUESTION

Écoutez Ambre, Nolan et Éléna, qui parlent de ce qu'ils veulent faire après le collège. Remplissez la grille en français.

	Choix de lycée	Avantage(s)	Inconvénient(s)
Ambre			
Nolan			
Éléna			

REVISION TIP

French has many instances of different words sounding the same, such as *c'est*, *ses*, *ces*, *sais*, *sait*. Be aware of this when listening and use the context to work out the meaning.

Key vocabulary

l'apprenti(e)	apprentice	s'inscrire	to enrol
l'apprentissage (*m*)	apprenticeship; learning	l'institut (*m*) universitaire de technologie (IUT)	technical university, polytechnic
le bénévolat	voluntary work	la licence	degree
les classes (*f*) préparatoires	preparatory classes (for *grandes écoles*)	la littérature	literature
le concours	competitive examination	le niveau	level
croire	to believe	la partie	part
devenir	to become	poursuivre	to pursue
l'employeur/ l'employeuse	employer	prêt(e) à	ready to
l'esprit (*m*)	mind	profiter de	to benefit from
faire pareil	to do the same thing	supporter	to stand, to bear
la formation	training	temporaire	temporary
former	to train	valoir la peine	to be worth it
		volontiers	willingly

Conditional tense

The conditional tense means 'would be', 'would go' etc. It is formed using the same stem as the future tense but a different set of endings :

je	-ais
tu	-ais
il/elle/on	-ait
nous	-ions
vous	-iez
ils/elles	-aient

J'aimerais visiter ce lycée. (aimer)
I would like to visit that school.

Nous serions heureux de vous accompagner. (être)
We would be happy to accompany you.

À ta place, j'aurais peur ! (avoir)
In your place, I would be scared!

TEST YOURSELF QUESTION

Lisez le texte. Choisissez les cinq phrases qui sont vraies selon le texte.

Salut,

Tu m'as demandé ce que j'ai l'intention de faire après le collège. Si tout va bien, je m'inscrirai au lycée général et technologique et je préparerai le bac littéraire. Mon prof de français pense que c'est une bonne idée. Mes parents préféreraient que je poursuive des études scientifiques, mais je suis trop faible en sciences. Par contre, la lecture est ma passion.

Après le bac, j'aimerais m'inscrire à la fac. Ce serait bien si je pouvais étudier les langues vivantes. Cette année j'ai commencé à apprécier les cours d'anglais et d'espagnol, et la littérature étrangère m'intéresse énormément. Mais d'abord, avant d'aller à la fac, je voudrais prendre une année sabbatique. Je pourrais voyager dans des pays où l'on parle espagnol – il y en a beaucoup. Ça m'intéresserait aussi de faire du bénévolat.

J'ai d'autres projets qui n'ont rien à voir avec mes études. Comme tu le sais, je me passionne pour l'équitation et je continuerai à représenter mon club. Je voudrais essayer le judo car ma meilleure copine en fait depuis quelques années et ça lui plait beaucoup. Si nous avions une piscine mieux chauffée, je ferais aussi de la natation.

Amicalement,

Nabila

1 Nabila espère aller au lycée général et technologique.
2 Nabila veut suivre les conseils de ses parents.
3 Nabila trouve les sciences faciles.
4 Nabila adore lire.
5 Nabila a déjà commencé à apprendre deux langues vivantes.
6 Nabila aime l'anglais depuis le début du collège.
7 Après sa licence, Nabila prendra une année sabbatique.
8 Nabila voudrait enseigner l'espagnol.
9 Nabila va bientôt commencer à représenter son club d'équitation.
10 Nabila ne fait pas encore de judo.
11 Nabila ne nage pas en ce moment.

COMMON PITFALLS

Take care with negative statements in reading and listening activities. Sometimes a negative meaning is conveyed by a conditional statement such as 'If possible I would...'.

EXAM-STYLE QUESTION

You must carry out the task specified in the situation below. The roles to be played by the examiner and yourself are indicated. The important thing is to convey the message. In the exam you will not see the questions; you will only see the situation and then you will respond to the examiner's questions as you hear them.

> ### Jeu de rôle
>
> Vous allez bientôt passer le brevet des collèges. Vous discutez de vos projets d'avenir avec un(e) ami(e).
>
> Candidat(e) : vous-même
>
> Professeur(e) : ami(e)
>
> Le/La professeur(e) va commencer la conversation.
>
> Répondez à toutes les questions.

1 Quelle matière as-tu le plus aimée cette année ?
2 L'année prochaine, dans quelle sorte d'établissement voudrais-tu étudier ?
3 À ton avis, quel est le principal avantage d'un lycée professionnel ?
4 Qu'est-ce que tes professeurs t'ont dit au sujet de tes futures études ?
5 Après le bac, voudrais-tu faire des études supérieures ? Pourquoi (pas) ?

Sample answer

1 Ma matière préférée a été l'anglais.

A good answer to a straightforward first question.

2 Je ne veux pas aller dans un lycée général parce que je ne suis pas doué(e) pour les études.

This is an inappropriate answer because the candidate has expressed a negative rather than a positive opinion.

3 Dans un lycée professionnel on apprend un métier rapidement.

Another good straightforward response.

4 Je m'entends bien avec la plupart de mes professeurs et ils m'ont beaucoup aidé(e).

This response is barely relevant to the question that was asked. A better response might begin with *Mes professeurs m'ont conseillé de... .*

5 Non. Je ne veux pas aller à la fac parce que je n'ai pas besoin d'une licence pour le métier que j'ai choisi. En plus, cela coute trop cher.

A well expressed answer that deals with both parts of the question.

EXAM TIP

In the speaking exam you have a lot of control over what you say. Play to your strengths by using French that you know to be correct.

Turn to page 115 for more practice of this style of speaking question.

4.3 Future career plans

Key vocabulary

le boulot	job (*informal*)	le/la commerçant(e)	shopkeeper
l'emploi (*m*)	job	l'entraineur/l'entraineuse	trainer
l'équipe (*f*)	team	l'ingénieur(e)	engineer
intéresser	to interest	l'interprète	interpreter
le métier	profession, job	le/la médecin	doctor
la profession	profession	le moniteur/ la monitrice de ski	ski instructor
le salaire	salary		
l'analyste-programmeur/ l'analyste-programmeuse	program analyst	le musicien/ la musicienne	musician
		le/la peintre	painter
l'animateur/l'animatrice	activity leader	le pharmacien/la pharmacienne	chemist
l'archéologue	archaeologist	le/la photographe	photographer
le chercheur/la chercheuse	researcher	le traducteur/la traductrice	translator
le chirurgien/la chirurgienne	surgeon	le/la vétérinaire	vet
le coiffeur/la coiffeuse	hairdresser		

Nouns denoting jobs

After the verbs *être* and *devenir*, there is usually no article in front of nouns denoting jobs:

> *Elle est vétérinaire.*
> *Il deviendra musicien.*

However this does not apply when there is an adjective before the noun:

> *Le docteur Laval était un bon chirurgien.*

The feminine forms of job titles have similar endings to those of adjectives. But note the three ways of changing nouns ending in *-eur* into the feminine form:

> *un animateur*   *une animatrice*
> *un coiffeur*   *une coiffeuse*
> *un professeur*   *une professeure*

TEST YOURSELF QUESTION

Pour chaque métier ci-dessous :

- Dites si le métier vous intéresse.
- Donnez une raison différente pour chaque métier.

Vous pouvez utiliser les idées dans la case si vous voulez.

Exemple: 1 Je voudrais devenir analyste-programmeuse parce que je m'intéresse aux ordinateurs.

ou

Le métier d'analyste-programmeuse ne m'intéresse pas parce que le travail n'est pas assez varié.

1 analyste-programmeur/ analyste-programmeuse
2 commerçant(e)
3 chercheur/chercheuse
4 professeur(e)
5 ingénieur(e)
6 moniteur/monitrice de ski
7 photographe
8 vétérinaire

beaucoup de patience	les enfants	à l'étranger	stable	utile
bien payé	en plein air	de longues études	stressant	varié

Key vocabulary

l'acteur	actor	exigeant(e)	demanding
l'actrice	actress	le/la journaliste	journalist
l'ambition (f)	ambition	mauvais(e)	bad, wrong
l'avocat(e)	lawyer	motiver	to motivate
avoir peur de	to be afraid of	le patron/la patronne	boss
célèbre	famous	le/la pilote	pilot
le/la comptable	accountant	prendre des risques	to take risks
le conseil	piece of advice	rencontrer	to meet
conseiller	to advise	le/la salarié(e)	employee
le conseiller/ la conseillère	careers adviser	la stabilité	stability
		travailleur (-euse)	hardworking
curieux (-euse)	curious	la vie privée	private life
enrichissant(e)	rewarding	vivre	to live

Conditional perfect tense

The conditional perfect tense means 'would have given', 'would have come' etc. It is formed using the conditional tense of either *avoir* or *être* followed by the past participle.

donner	*venir*	*s'installer*
j'aurais donné	*je serais venu(e)*	*je me serais installé(e)*
tu aurais donné	*tu serais venu(e)*	*tu te serais installé(e)*
il/elle/on aurait donné	*il/elle/on serait venu(e)*	*il/elle/on se serait installé(e)*
nous aurions donné	*nous serions venu(e)s*	*nous nous serions installé(e)s*
vous auriez donné	*vous seriez venu(e)(s)*	*vous vous seriez installé(e)(s)*
ils/elles auraient donné	*ils/elles seraient venu(e)s*	*ils/elles se seraient installé(e)s*

À ta place, je n'aurais pas fait ça !
In your place, I would not have done that !

TEST YOURSELF QUESTION

Écoutez Stéphanie, 40 ans, qui parle de ce qu'elle aurait pu faire de sa vie. Reliez les débuts et fins de phrase.

1 Au lycée, Stéphanie a étudié...
2 Au lycée, Stéphanie aurait pu étudier...
3 Stéphanie aurait aimé travailler...
4 Au lycée, Stéphanie n'a pas travaillé...
5 Un meilleur emploi aurait été possible si Stéphanie était allée dans...
6 La copine de Stéphanie travaille comme...
7 La copine de Stéphanie regrette de ne pas être devenue...
8 Stéphanie n'était pas assez douée pour devenir...
9 Stéphanie va peut-être reprendre le piano comme...

A très dur.
B comptable.
C les sciences.
D musicienne.
E à l'étranger.
F passe-temps.
G une grande école.
H institutrice.
I les langues.

COMMON PITFALLS

Look carefully at verb tenses in comprehension tasks. There is a big difference between *a étudié* and *aurait pu étudier*.

EXAM-STYLE QUESTION

Lisez ce forum de discussion sur les métiers, puis répondez aux questions **en français**.

Clémence

Quand j'étais plus jeune je voulais devenir vétérinaire car j'adorais les animaux. Ce métier est toujours mon premier choix, mais ma mère – qui est vétérinaire depuis vingt ans – dit qu'elle aurait préféré devenir médecin. En tout cas ces deux métiers sont bien payés et c'est là le facteur clé à mon avis. C'est bien de choisir un métier qu'on aime, mais il faut aussi penser à la rémunération. Tout le monde rêve d'avoir une belle maison, une voiture confortable et de partir de temps en temps en vacances.

Jules

Mes grands-parents me disent toujours qu'il faut avoir de grandes ambitions. Eux, ils avaient des métiers plutôt ordinaires et ils imaginent que je deviendrai musicien professionnel parce qu'ils m'ont entendu jouer dans un concert et cela les a impressionnés. Mon père pense que je devrais d'abord faire des études supérieures et puis devenir prof de musique. C'est vrai que cela me permettrait de continuer à jouer, même si ce n'est pas particulièrement ambitieux.

Louna

Si j'avais écouté ma conseillère d'orientation j'aurais poursuivi des études scientifiques, mais en fait je me suis décidée à faire un bac littéraire. Un jour, j'espère trouver un emploi comme journaliste à l'étranger pour pouvoir rencontrer des personnes intéressantes et découvrir des cultures différentes. Mon père a peur que ce soit dangereux de voyager dans certains pays, mais ma mère comprend que je ne serais pas heureuse si je passais toute ma vie ici, en France.

1 Aujourd'hui, quel métier intéresse le plus Clémence ?   [1]
2 Quelle est la profession de la mère de Clémence ?   [1]
3 Selon Clémence, quel est le plus important aspect d'un métier ?   [1]
4 Quel genre de travail les grands-parents de Jules faisaient-ils ?   [1]
5 Comment Jules a-t-il impressionné ses grands-parents ?   [1]
6 Selon son père, qu'est-ce que Jules devrait faire avant de travailler comme professeur ?   [1]
7 Pour Jules, quel est l'avantage d'enseigner la musique ?   [1]
8 Quel conseil Louna n'a-t-elle pas suivi ?   [1]
9 Où Louna voudrait-elle travailler ?   [1]
10 Qui encourage Louna à réaliser son ambition ?   [1]

[Total : 10]

Sample answer

1 *vétérinaire*

Correct.

2 Elle est médecin.

The correct answer is *(Elle est) vétérinaire*; the student appears not to have understood that *aurait préféré* means 'would have preferred'.

3 *le salaire*

Correct. The student has chosen to use own words rather than lift *bien payé* from the text, which would have been equally good.

4 *musiciens*

The correct answer is *(des métiers) ordinaires*. The student appears not to have understood that *je deviendrai* means 'I will become'.

5 *dans un concert*

Although a slightly longer answer such as *Il a joué dans un concert* or *en jouant dans un concert* would have been clearer, this answer is acceptable as it conveys the key information.

6 *professeur de musique*

The correct answer is *(faire) des études supérieures*. The student appears not to have understood that *avant de travailler* means 'before working'.

7 *il peut continuer à jouer*

Correct.

8 *faire un bac littéraire*

The correct answer is either *les conseils de sa conseillère d'orientation* or *poursuivre des études scientifiques*. The student appears not to have understood that the *bac littéraire* is what Louna actually opted for.

9 *à l'étranger*

Correct.

10 *son père*

The correct answer is *sa mère*. The student appears not to have understood that Louna's father expresses a negative opinion whereas her mother expresses a positive opinion about Louna's plans.

> **EXAM TIP**
>
> When answering questions in French, you can often get the right answer by 'lifting' appropriate words and phrases from the text. However it is fine to use your own words if you prefer.

Turn to page 115 for more practice of this style of reading question.

Key vocabulary

l'année (f) sabbatique	gap year	faire des économies	to save up
l'annonce (f)	advertisement	le/la guide (touristique)	(tourist) guide
arrêter	to stop	l'inconvénient (m)	disadvantage
l'avantage (m)	advantage	manquer	to be missing, to be lacking
dehors	outside	mettre de l'argent de côté	to put money aside
embaucher	to employ	négatif (-ve)	negative
l'employé(e)	employee	le petit boulot	part-time job
employer	to employ	positif (-ve)	positive
l'étudiant(e)	(higher education) student	le poste	job, post, position
l'esprit (m) d'équipe	team spirit	réfléchir à	to think about
l'esprit ouvert	open mind	se renseigner sur	to find out about

TEST YOURSELF QUESTION

Lisez le message. Ensuite, lisez les phrases et décidez si chaque phrase est vraie ou fausse. Si elle est fausse, corrigez-la.

Salut Nathan,

J'espère que tu vas bien. Je vais bientôt terminer mon année sabbatique et je serai de retour chez moi dans trois semaines. Je suis impatiente de revoir ma famille.

Comme tu le sais, j'ai répondu à une annonce et j'ai travaillé pendant huit mois à l'office de tourisme d'Uzès, dans le sud de la France. Pendant l'été, Uzès compte de très nombreux touristes et depuis le début du mois de mai, je dois travailler cinq jours par semaine. Cependant, j'ai rencontré beaucoup de gens intéressants. C'étaient surtout des Français, mais il y avait pas mal d'étrangers aussi. Certains avaient du mal à s'exprimer en français.

Malgré les horaires, j'ai pu me relaxer aussi et j'ai fait la connaissance d'un couple très gentil qui habite Uzès depuis quarante ans. Ils m'ont convaincue de venir passer une semaine chez eux avant le début de mes études en octobre. Ce sera bien d'être touriste pendant quelques jours sans devoir travailler.

Et toi, as-tu l'intention de faire une année sabbatique ?

Amitiés,

Joëlle

1 Joëlle vient de terminer son année sabbatique.
2 Joëlle rentrera chez elle dans quelques semaines.
3 Joëlle habite à Uzès.
4 En été il y a peu de touristes à Uzès.
5 La plupart des touristes à l'office de tourisme venaient de France.
6 Tous les touristes étrangers ne parlaient pas bien le français.
7 Le couple que Joëlle a rencontré est arrivé à Uzès il y a quarante ans.
8 Joëlle va travailler à Uzès pendant quelques jours.

Key vocabulary

avoir envie de	to feel like, to fancy	la lettre de motivation	covering letter
la candidature	application (for a job)	libre	free, available
la communication	communication	à partir de	from
communiquer	to communicate	la période (estivale)	(summer) period
contacter	to contact	pratiquer	to use, to put into practice
le curriculum vitae (CV)	curriculum vitae		
la date de naissance	date of birth	les qualités (*f*)	qualities
enthousiaste	enthusiastic	rechercher	to seek, to look for
envoyer	to send	la rémunération	remuneration, pay
l'expérience (*f*)	experience	responsable	responsible
extraverti(e)	extrovert	sociable	sociable
honnête	honest	supplémentaire	further, extra
les horaires (*m*)	hours	surement	definitely

Future tense with *quand* **G**

After *quand*, and other words meaning 'when', you often use the future tense in both halves of the sentence. For example:

*Quand je **commencerai** mes études, je **chercherai** un petit boulot.*
*Lorsque les cours **finiront** nous **partirons** en vacances.*
*Que **ferez**-vous quand vous **serez** plus âgé ?*

TEST YOURSELF QUESTION

1 Reliez chaque réponse à la question qui convient le mieux.
2 Inventez une réponse différente à chaque question.

Questions

1 Pourquoi voulez-vous faire une année sabbatique ?
2 Vous voulez travailler pendant combien de temps ?
3 Où voudriez-vous travailler ?
4 Quel genre de travail vous intéresse le plus ?
5 Quelles sont vos qualités personnelles ?
6 Vous avez de l'expérience ?
7 Quand avez-vous déjà travaillé ?
8 Parlez-vous des langues étrangères ?
9 Quand est-ce que vous pourrez commencer votre travail ?

Réponses

a En Suisse, si possible.
b Oui, j'ai déjà travaillé comme guide touristique.
c Six mois, peut-être.
d Je suis responsable et calme.
e Il y a un an.
f Oui, l'espagnol et l'italien.
g Quand les cours finiront, le 5 juillet.
h Pour gagner un peu d'argent avant de continuer mes études.
i Je voudrais un petit boulot où je rencontrerai beaucoup de gens.

COMMON PITFALLS

Be consistent in the use of *tu* and *vous*. It is easy to switch from one form to the other without noticing it.

EXAM-STYLE QUESTION

En ville

Écrivez une lettre de motivation pour un travail d'été dans un office de tourisme. Écrivez 130-140 mots **en français**.

- Pourquoi aimeriez-vous ce poste ?
- Quand voudriez-vous travailler ? Pourquoi ?
- Quelles sont vos qualités ?
- Avez-vous déjà travaillé ? Qu'est-ce que vous avez fait ?
- Qu'est-ce que vous espérez faire comme métier quand vous finirez vos études ?

Sample answer

Monsieur, madame,

Je voudrais poser ma candidature pour le poste dans votre office de tourisme. Je voudrais travailler dans une grande ville française et je voudrais rencontrer beaucoup de gens.

The content is appropriate, but the repetition of *je voudrais* is unnecessary. It would be better to use a variety of constructions such as *j'ai l'intention de, j'espère, je désire, j'aimerais* or *cela m'intéresserait de*.

J'espère travailler pendant les grandes vacances. Je serai libre à partir du 15 juin, après mes examens. Je recherche un poste pour tout l'été, jusqu'au mois de septembre si possible.

A good paragraph with four different prepositions of time: *pendant, à partir de, après* and *pour*. The 'why' part of the question is answered by the phrase *après mes examens*.

Je pense que je suis patient(e), calme, et que je m'entends bien avec tout le monde. J'aime beaucoup le sport, surtout le hockey. Je fais aussi de la natation.

The first sentence is good, especially as it includes the reflexive verb *s'entendre*. The second sentence is not relevant to the task. It would be better to comment on particular skills such as languages spoken.

Chez moi, je fais régulièrement du babysitting. Je m'occupe des enfants de ma voisine quand elle sort le soir. Ce travail me plait beaucoup.

The French is accurate, but the student has missed the opportunity to use the perfect tense. It would be better to begin the paragraph with a time phrase such as *pendant les dernières vacances d'été* and then put all the verbs into the perfect tense.

Quand je finirai mes études je voudrais travailler pour une entreprise internationale, peut-être dans le marketing. J'espère voyager à l'étranger pour pratiquer mes connaissances linguistiques.

A good paragraph which includes an example of *quand* + future tense and an example of *pour* + infinitive.

EXAM TIP

In the 130–140-word writing task, make sure that everything you write relates clearly to the bullet points.

Turn to page 116 for more practice of this style of writing question.

Key vocabulary

allumer	to switch on
à l'appareil (*m*)	on the phone
le/la client(e)	customer
le/la collègue	colleague
décrocher	to pick up (the phone)
la demande	application
éteindre	to switch off
faire passer	to pass (something on to someone)
l'imprimante (*f*)	printer
je vous en prie	you're welcome
mettre en marche	to start up, to switch on
mettre en relation avec	to put (someone) through to
le mot de passe	password
numérique	digital
le numéro	number
l'ordinateur (*m*) portable	laptop
patienter	to wait
ne quittez pas	please stay on the line
raccrocher	to hang up (phone)
le/la réceptionniste	receptionist
le répondeur	answering machine
la réunion	meeting
le service informatique	IT department
la tablette	tablet computer
télécharger	to download

Yes/No questions

In French there are three methods of asking yes/no questions:

1 Normal word order, raised voice at the end of the sentence:

Vous pouvez m'aider ?

2 Inversion:

Pouvez-vous me donner des conseils ?
Votre collègue sera-t-elle à la réunion ?

3 Adding *est-ce que*:

Est-ce que vous pouvez m'aider ?

Method 1 is commonly used in speech. Method 2 is quite formal and is used mainly in writing.

TEST YOURSELF QUESTION

Voici des réponses. À chaque fois, posez la question correspondante en alternant les trois formes. Vous pouvez utiliser les idées de la case si vous voulez. Lisez les questions et les réponses à haute voix. Ensuite, inventez une autre réponse pour chaque question.

Exemple: 1   Le service informatique est ouvert aujourd'hui ?

Le service informatique est-il ouvert aujourd'hui ?

Est-ce que le service informatique est ouvert aujourd'hui ?

1   Oui, le service informatique est ouvert tous les jours.
2   Non, Mme Dubois est malade aujourd'hui.
3   Oui, mon ordinateur portable est dans ma voiture.
4   Non, mais ma collègue pourra peut-être vous aider.
5   Oui, notre imprimante est là-bas, à côté de la fenêtre.
6   Oui, voici l'adresse e-mail de M. Brassac.
7   Non, ce serait trop tard. Il vaut mieux venir me voir avant dix heures.
8   Oui, Mme Grévin pourra vous envoyer les renseignements.
9   Non, la conférence commence demain.
10   Non, pas maintenant. Je viens d'éteindre mon ordinateur.

…a déjà commencé ?	…ouvert aujourd'hui ?
…faire une recherche Internet pour moi ?	…parler à Mme Dubois ?
…l'adresse e-mail de M. Brassac ?	…utiliser votre imprimante ?
…m'aider ?	…venir vous voir à onze heures ?
…m'envoyer des renseignements supplémentaires ?	…votre ordinateur portable ?

REVISION TIP

When practising asking questions, make a deliberate effort to use all three forms of the yes/no question.

Key vocabulary

en avance	early	le patron/la patronne	boss
le/la candidat(e)	candidate	pareil(le)	similar
les centres (*m*) d'intérêt	interests	se préparer	to get ready for
se concentrer	to concentrate	la qualité	quality
les conseils (*m*)	advice	la raison	reason
efficace	efficient	le rapport	report, relationship
l'entretien (*m*) (d'embauche)	(job) interview	le recruteur/la recruteuse	recruitment consultant
expliquer	to explain	en retard	late
le genre de travail	type of work	le secteur	area, sector
l'habillement (*m*)	the way you dress	soigné(e)	neat, well groomed
les motivations (*f*)	reasons	tôt	early (in the day)
l'occasion (*f*)	opportunity	travailleur (-euse)	hard-working
		il vaut mieux	it is better to

Après avoir

You can use *après avoir* or *après être* + past participle to say 'after doing something'. With reflexive verbs, the reflexive pronoun goes after the word *après*. Likewise any object pronoun goes after the word *après*. Don't forget to make the past participle of an *être*-verb agree with the subject. Examples:

> *Après avoir lu l'e-mail, j'ai téléphoné à ma collègue.*
> *Après m'avoir expliqué la situation, la patronne est partie.*
> *Après **être** arrivée à la conférence, elle a écouté la présentation.*
> *Après s'être assis, les deux candidats se sont présentés.*

Sometimes it is neater to use *après* followed by a noun or noun phrase, for example:

> *Après trois jours à Paris nous sommes rentrés.*
> (rather than: *Après avoir passé trois jours à Paris, nous sommes rentrés*)

TEST YOURSELF QUESTION

Reliez chaque paire de phrases avec *après avoir* ou *après être*.

> *Exemple :* Je suis arrivé à la gare. J'ai pris le train.
> Après être arrivé à la gare, j'ai pris le train.

1 J'ai sonné à la porte. Je suis entrée dans le bâtiment.
2 J'ai rencontré le recruteur. Je me suis assise.
3 Le recruteur s'est présenté. Le recruteur m'a posé la première question.
4 Le recruteur m'a demandé pourquoi je voulais le poste. Le recruteur m'a écoutée.
5 J'ai expliqué mes motivations. J'ai parlé de mon expérience professionnelle.
6 Le recruteur m'a posé encore des questions. Le recruteur m'a demandé quand je pourrais commencer.
7 Je suis sortie du bureau. J'ai pris l'ascenseur pour quitter le bâtiment.
8 Je me suis dépêchée. Je suis arrivée à la gare en avance.
9 Je suis rentrée à la maison. J'ai téléphoné à mon petit ami.
10 Mon petit ami m'a écoutée. Mon petit ami m'a félicitée.

COMMON PITFALLS

When you use the construction *après avoir or après être*, the verbs must refer to the same person. For example, if you had the two sentences: *Je suis parti* and *Il a déjeuné*, you could link them only by saying: *Après mon départ, il a déjeuné*. You cannot use *après avoir/être* because each sentence has a different subject (*je* and *il*).

EXAM-STYLE QUESTION

Vous allez entendre deux fois un entretien d'embauche avec Mathilde. Cette jeune femme voudrait travailler dans une librairie en France.

Il y a une pause dans l'entretien.

Pour chaque question, cochez (✓) la bonne case (**A–D**).

Vous avez d'abord quelques secondes pour lire les questions.

1 Mathilde...
   A va bientôt terminer ses études. ☐
   B parle français depuis cinq ans. ☐
   C est souvent venue en France. ☐
   D est née en France. ☐ [1]

2 Mathilde...
  A aime la littérature française. ☐
  B n'aime pas le bruit. ☐
  C aime le contact avec les étrangers. ☐
  D n'aime pas travailler le weekend. ☐ [1]
3 Mathilde...
  A a déjà travaillé dans une librairie. ☐
  B est devenue moins timide au travail. ☐
  C a quitté son emploi il y a cinq semaines. ☐
  D a gagné de l'argent pour financer ses vacances. ☐ [1]
4 Mathilde pense qu'elle...
  A n'est pas paresseuse. ☐
  B aime organiser les autres. ☐
  C est toujours souriante. ☐
  D ne cause jamais de problèmes. ☐ [1]
5 Mathilde veut...
  A travailler dans l'entreprise de sa mère. ☐
  B travailler dans les produits biologiques. ☐
  C surtout gagner beaucoup d'argent. ☐
  D voir des pays qu'elle ne connait pas encore. ☐ [1]
6 Mathilde veut savoir...
  A combien d'argent elle gagnerait. ☐
  B où elle travaillerait. ☐
  C quelles sont les possibilités de logement. ☐
  D quelles sont les heures de travail. ☐ [1]

[Total : 6]

Sample answer

1 C

Correct. The student has understood that the phrase *je passe mes vacances en France depuis l'âge de cinq ans* indicates frequent visits.

2 A

The correct answer is B. Although it is true that Mathilde likes reading, she does not specify French literature. On the other hand the phrase *un environnement calme* in the recording corresponds to *n'aime pas le bruit* in the question.

3 B

Correct. The student has understood that the phrase *j'étais un peu timide mais après quelques semaines ça s'est beaucoup amélioré* in the recording corresponds to the phrase *est devenue moins timide* in the question.

4 D

The correct answer is A. The student has latched on to the word *problèmes* but it is actually used in different contexts in the recording and in the question. On the other hand the phrase *je suis travailleuse* in the recording corresponds to *n'est pas paresseuse* in the question.

5 D

Correct. The student has understood that the phrase *voyager dans des pays que je n'ai jamais visités* in the recording corresponds to *voir des pays qu'elle ne connait pas encore* in the question.

6 B

The correct answer is D. The student appears not to have understood the word *horaires*.

> **EXAM TIP**
>
> In a multiple-choice task, don't be fooled into thinking that there is a predictable pattern of letters in the answers. If two or three consecutive answers seem to be the same letter, then that may be correct.

Turn to page 116 for more practice of this style of listening question.

Key vocabulary

atteindre	to reach
bon marché	cheap
le chemin de fer	railway
dépasser	to exceed
doubler	to overtake
la durée	duration, length
élevé(e)	high
l'embouteillage (*m*)	traffic jam
l'ensemble (*m*)	the whole
l'époque (*f*)	time, period (of history)
faire attention à	to be careful about
gérer	to manage, to run
la locomotive à vapeur	steam engine
le panneau	road sign
le/la passager (-ère)	passenger
le plaisir	pleasure
se plaindre de	to complain about
la ponctualité	punctuality
relier	to link
le réseau	network
la réservation	reservation
le/la retraité(e)	retired person
le train à grande vitesse (TGV)	high-speed train
la vitesse	speed
le vol	flight

When to use the imperfect tense

The imperfect tense is used in three senses:

- To describe situations and regular events as they used to be:

    Quand nous étions petits, nous prenions rarement le train.
    Les locomotives à vapeur roulaient lentement.

- To say what was (in the process of) happening at a particular time:

    À dix heures, j'attendais le car.
    Au moment de son arrivée, nous dinions.

- To give descriptions in the past:

    La gare était petite.
    Il avait l'air impatient.

TEST YOURSELF QUESTION

Vous allez écouter une conversation avec Madame Giraudier qui parle des différents moyens de transport. Répondez aux questions en français. Vous pouvez utiliser les mots de la case si vous voulez.

1 Quand Madame Giraudier était petite, pourquoi utilisait-elle les transports en commun ?
2 Quand prenait-elle le train ?
3 Pourquoi aimait-elle les voyages en train ? (deux détails)
4 Quel était l'inconvénient du train ?
5 Quand Madame Giraudier a-t-elle acheté sa première voiture ?
6 Qu'est-ce qu'elle n'aimait pas quand elle conduisait ?
7 Aujourd'hui, quand Madame Giraudier utilise-t-elle sa voiture ?
8 Pourquoi prend-elle le TGV pour aller à Lyon ?
9 Pour quels voyages prend-elle l'avion ?
10 Pourquoi Madame Giraudier n'aime-t-elle pas prendre l'avion ?

bon marché	internationaux	rapide
boulot	loisir	vacances
embouteillages	paysage	voiture
environnement	ponctualité	

COMMON PITFALLS

When listening to recorded items, don't assume that all verbs are in the same tense. Listen carefully for the endings; for example the sound represented by *-é* or *-ais* often indicates a past tense.

Key vocabulary

à travers	across	**l'hébergement** (*m*)	accommodation
assis(e)	seated	**la merveille**	marvel, wonder
en avoir assez	to have had enough	**la pension complète**	full board
la bête	animal	**pratiquement**	virtually
chacun(e)	each one	**profiter de**	to take advantage of
compris(e)	included	**la promotion**	special offer
le décollage	take-off	**reconnaitre**	to recognise, acknowledge
l'étoile (*f*)	star	**retardé(e)**	delayed
expliquer	to explain	**sauvage**	wild
fascinant(e)	fascinating	**tellement de**	so many
le guide accompagnateur/ la guide accompagnatrice	accompanying guide	**tout le long de**	throughout

Passive

The passive form of a verb consists of *être* followed by a past participle. It is used to change the emphasis in a sentence, so that the subject becomes the object and vice versa. Compare the following pair of sentences which convey the same meaning but have a different emphasis:

> *Europtrain propose ces vacances.*(active)
> Europtrain offers these holidays.

> *Ces vacances sont proposées par Europtrain.* (passive)
> These holidays are offered by Europtrain.

Notice that the past participle must agree with the subject.

The passive exists for all tenses, for example:

> *Tous les vols **seront réservés** par la compagnie.*
> *Cette visite **a été recommandée** par mon voisin.*
> *Le bruit **était causé** par les voitures.*
> *Un nouvel hôtel **avait été construit**.*

Often, especially in spoken French, it is better to avoid the passive, using *on* if there is no specific subject:

> *On m'a volé mon sac.*
> *On avait construit un nouvel hôtel.*

TEST YOURSELF QUESTION

Lisez l'e-mail et remplissez les blancs en choisissant les bons mots dans la liste.

Salut Paul,

L'année dernière, j'ai eu la chance incroyable de partir en vacances deux fois – et ce n'étaient pas des vacances ordinaires.

D'abord, ma famille et moi, nous sommes **1**.......... en Inde. Ma mère est d'origine indienne, donc elle **2**.......... le pays. Mais c'est un pays immense et la culture et le climat sont très variés. Notre voyage avait été **3**.......... par Vacances Plus. Nous avons passé huit jours en pension complète avec un guide accompagnateur qui **4**.......... français. Nous avons visité la capitale où nous avons admiré l'architecture extraordinaire. Nous nous sommes **5**.......... dans la citadelle de Jaisalmer. Quel contraste avec le bruit des voitures dans presque toutes les villes de l'Inde ! C'était fascinant et j'espère y retourner un jour.

Plus tard, au mois d'aout, je suis partie **6**.......... le tour de l'Europe en train avec trois copines. C'étaient des vacances proposées par Europtrain. Nous avons suivi un itinéraire dans sept pays et dans chaque pays nous sommes restées deux jours pour **7**.......... une ville intéressante. Ma ville préférée, c'était sans aucun doute Prague. Nous avons logé dans des hôtels trois étoiles et chaque soir nous avons bien **8**.......... . L'Europe a un bon réseau de chemins de fer et à l'avenir je **9**.......... découvrir d'autres destinations en prenant le train.

Amitiés,

Charlotte

connait	explorer	mangé	parlait	voudrais
détendus	faire	organisé	partis	

EXAM-STYLE QUESTION

Conversation générale : répondez à ces questions en français. Cette conversation doit durer quatre minutes.

Les voyages internationaux

1 En général, quel moyen de transport préfères-tu pour les longs voyages ? Pourquoi ?
2 Parle-moi du dernier long voyage que tu as fait.
3 Quelle est ton opinion sur les voyages en avion ?
4 À l'avenir, quels seront les moyens de transport les plus populaires ? Pourquoi ?
5 Si tu pouvais visiter le pays de ton choix, quel pays choisirais-tu ? Pourquoi ?

Sample answer

1 *Le moyen de transport que je préfère pour les longs voyages, c'est la voiture. C'est pratique et on peut choisir son heure de départ. On n'a pas besoin d'attendre longtemps à la gare ou à l'aéroport.*

It is not necessary to repeat the question as this student has done in the first sentence. Otherwise, this is a good answer which includes a suitable range of grammar and vocabulary.

2 *Tous les ans nous partons à la mer. Je n'aime pas ça car je m'ennuie et souvent il y a des embouteillages sur l'autoroute. Je préférerais prendre le train.*

The question is in the past, but the student has answered it as if it were in the present, so no credit would be scored here. It is fine for a past tense answer to be followed up by a general statement in a present tense, but not for the whole answer to be in the present.

3 *Je déteste prendre l'avion parce qu'il faut arriver à l'aéroport deux heures à l'avance en raison des mesures de sécurité. En plus, les vols sont souvent retardés.*

A very good answer which sticks to the question and includes plenty of correct French, including two infinitive constructions.

4 *Je pense que ce sera le vélo. J'aime faire du vélo et j'utilise mon vélo tous les jours pour aller au collège.*

The first sentence is fine, but then the student has veered away from the question. A better answer would be, for example: *Les autres moyens de transport couteront trop cher et il y aura beaucoup plus de pistes cyclables dans les villes.*

5 *J'aimerais surtout visiter l'Inde. Je sais que la culture indienne est fascinante et j'espère pouvoir y aller quand j'aurai terminé mes études.*

A very strong answer which, again, includes a suitable variety of grammatical constructions.

EXAM TIP

In the general conversation, don't try to say things that you don't know how to say.

Turn to page 117 for more practice of this style of speaking question.

Key vocabulary

s'améliorer	to get better, to improve	frais (fraiche)	fresh, cool
l'année (f) d'avant	the previous year	geler	to freeze
atteindre	to reach	le mobilhome	mobile home
au-dessus de	above	partout	everywhere
la baleine	whale	la piste	track
le court de tennis	tennis court	prévoir	to foresee
doux (douce)	mild	prudent(e)	careful, cautious
durer	to last	quand même	all the same
emmener	to take	le ski de fond	cross-country skiing
ensoleillé(e)	sunny	la station de ski	ski resort
entendre dire	to hear it said	toutefois	however
		les vêtements (m) d'hiver	winter clothes

Pluperfect tense

G

The pluperfect tense describes what had happened before something else happened in the past, for example 'By that time they had already left'. The pluperfect tense is formed in the same way as the perfect tense, but with the auxiliary verb *avoir* or *être* changed from the present to the imperfect tense. For example:

Perfect tense	Pluperfect tense
j'ai fini	*j'avais fini*
tu as regardé	*tu avais regardé*
elle a vendu	*elle avait vendu*
nous sommes partis	*nous étions partis*
vous êtes entrées	*vous étiez entrées*
ils se sont assis	*ils s'étaient assis*

TEST YOURSELF QUESTION

Écoutez Inès qui parle de son séjour dans le sud de la France. Reliez les débuts et fins de phrase.

1 La famille d'Inès est partie dans…
2 C'étaient des vacances…
3 Le camping était situé près…
4 Inès savait qu'il allait…
5 Il ne faisait pas chaud…
6 Inès était habituée à la pluie…
7 Il a fait plus chaud…
8 Inès n'a pas aimé…
9 Quand il y a eu de l'orage c'était bien…
10 Inès voudrait retourner…
11 Au printemps, Inès et sa famille auront peut-être besoin…

A de Perpignan.
B au début du séjour.
C le vent.
D d'été.
E de vêtements d'hiver.
F le sud de la France.
G au camping au printemps.
H à partir du deuxième jour.
I faire chaud.
J chez elle.
K d'être dans un mobilhome.

REVISION TIP

Be alert to different verb tenses when listening to recorded items. Sometimes it is very important to distinguish between past, present and future.

Key vocabulary

annuler	to cancel	**héberger**	to accommodate
apparaitre	to appear	**l'incendie** (*m*)	fire
auparavant	beforehand	**inonder**	to flood
bruler	to burn	**inutile**	pointless
la canicule	heatwave	**de passage**	passing through
climatisé(e)	air-conditioned	**pêcher**	to fish
c'est dommage	it's a pity	**les préparatifs** (*m*)	preparations
envisager	to have in mind, to consider	**les prévisions** (*f*)	forecast
		prévoir	to forecast, to foresee
la foudre	lightning	**se propager**	to spread, to travel
gâcher	to ruin	**remettre**	to delay, to put off
garanti(e)	guaranteed	**se rendre compte de**	to realise

How to use the pluperfect tense

The pluperfect tense can be used as the main verb in a sentence, often with an adverb such as *déjà*, for example:

> *Nous étions déjà parties.*
> We had already left.

> *Je n'avais jamais vu une telle chose.*
> I had never seen such a thing.

More frequently the pluperfect tense is combined with either the perfect or imperfect tense to indicate a sequence of events, for example:

> *Ils sont arrivés en retard parce qu'ils avaient raté le train.*
> They were late because they had missed the train.

> *On voyait qu'il avait plu.*
> We could see it had rained.

> *J'ai lu le magazine que j'avais acheté la veille.*
> I read the magazine I had bought the day before.

TEST YOURSELF QUESTION

Imaginez que votre copine vient de rentrer de vacances. Elle a eu beaucoup de problèmes. Complétez chaque phrase en utilisant le plus-que-parfait. Vous pouvez utiliser les idées de la case si vous voulez (mais n'oubliez pas de conjuguer les verbes).

1 Ma copine est allée au Québec parce que son frère…
2 Elle est arrivée en retard parce qu'on…
3 Elle avait très faim parce qu'elle…
4 Elle n'a pas aimé la chambre d'hôtel qu'elle…
5 Elle a dû acheter un manteau et des gants parce qu'elle…
6 Le deuxième jour, elle n'est pas sortie parce qu'on…
7 Le troisième jour, elle a dû aller faire une déclaration au poste de police parce qu'elle…
8 Le quatrième jour, son quartier était inondé parce qu'il…
9 Le dernier jour, elle n'a rien acheté parce qu'elle…
10 De retour chez elle, ma copine m'a raconté tout ce qui…

annuler le vol	oublier ses vêtements d'hiver	pleuvoir toute la nuit	réserver
dépenser tout son argent	se passer	prévoir une tempête	
ne rien manger	perdre son passeport	recommander ce pays	

REVISION TIP

Practise combining different verb tenses in a single sentence in order to add variety to your writing.

EXAM-STYLE QUESTION

Lisez ces contributions à un forum de discussion sur les vacances. Pour chaque question, cochez (✓) la case qui correspond à la bonne réponse.

Mathis

L'hiver dernier, ma famille et moi nous sommes allés faire du ski au Canada. C'étaient mes premières vacances de neige. Nous avions voulu y aller au mois de février mais les hôtels étaient complets. Donc il a fallu remettre les vacances à la mi-avril. Heureusement, il y avait encore de la neige en abondance, même si le soleil nous a manqué. Mon père aimerait retourner au Canada cet été pour faire de la randonnée pédestre.

Julie

Cette année, au lieu de passer les grandes vacances en Bretagne comme d'habitude, ma mère et moi avons décidé de louer un gite en Suisse. Nous avions aussi pensé à l'Italie, où l'hébergement coute moins cher, mais nous aurions eu du mal à supporter la chaleur. Notre voisin qui avait visité la Suisse l'année précédente nous avait recommandé un village de vacances près de Genève. En fait, nous y sommes arrivés au moment de la canicule. Il y a même eu des incendies dans la forêt mais, heureusement, nous n'avons pas dû renoncer à notre séjour.

---

1 Mathis…
   A était déjà parti en vacances de neige une fois seulement. ☐
   B était déjà parti en vacances de neige, mais pas au Canada. ☐
   C n'était jamais parti en vacances de neige auparavant. ☐ [1]
2 La famille de Mathis…
   A n'avait pas voulu partir en vacances en février. ☐
   B a dû choisir entre février et mai. ☐
   C est partie en vacances plus tard que prévu. ☐ [1]
3 Quand Mathis était au Canada…
   A il n'a pas fait beau. ☐
   B il y avait peu de neige. ☐
   C il a fait un temps ensoleillé mais froid. ☐ [1]
4 Le père de Mathis…
   A veut faire de la marche à pied. ☐
   B veut faire du sport aquatique. ☐
   C veut faire du ski. ☐ [1]
5 Normalement, pendant les grandes vacances, Julie va en…
   A Bretagne. ☐
   B Suisse. ☐
   C Italie. ☐ [1]
6 Cette année, Julie et sa mère ne voulaient pas aller en Italie…
   A parce que cela couterait trop cher. ☐
   B parce qu'il ferait trop chaud. ☐
   C parce que leur voisin les en avait découragées. ☐ [1]
7 Julie et sa mère…
   A ont quitté leur village de vacances plus tôt que prévu. ☐
   B ont dû changer de logement. ☐
   C sont restées le temps prévu. ☐ [1]

[Total : 7]

Sample answer

1 *C*

Correct. The student has understood from the phrase *mes premières vacances de neige* that they had not done this before.

2 A

The correct answer is C. The sentence *Nous avions voulu y aller au mois de février mais les hôtels étaient complets* explains why they could not go in February.

3 A

Correct. The student has understood that *le soleil nous a manqué* refers to a lack of sunshine.

4 *C*

The correct answer is A. The phrases *faire de la randonnée pédestre* and *faire de la marche à pied* both refer to walking.

5 A

Correct. The student has understood that the phrase *en Bretagne comme d'habitude* means they normally spend the holidays in Brittany.

6 A

The correct answer is B. The cost would be an advantage if they went to Italy, whereas the heat would be unwelcome.

7 *C*

Correct. The student has understood from the phrase *nous n'avons pas dû renoncer à notre séjour* that they continued with their holiday.

> **EXAM TIP**
>
> In a multiple-choice question, don't be put off if several successive questions seem to have the same answer letter. In theory it is quite possible for all answers to be A (or B or C).

Turn to page 117 for more practice of this style of reading question.

Key vocabulary

allumer	to light	**la mosquée**	mosque
attendre avec impatience	to look forward to	**musulman(e)**	Muslim
avoir lieu	to take place	**la paix**	peace
chrétien(ne)	Christian	**partager**	to share
le coucher du soleil	sunset	**pauvre**	poor
échanger	to exchange	**la prière**	prayer
l'empathie (*f*)	empathy	**les proches** (*m*)	family members, relatives
la fête	festival		
le feu d'artifice	fireworks	**religieux (-euse)**	religious
la foi	faith	**ressentir**	to feel
jeuner	to fast	**sauf**	except
la joie	joy	**la synagogue**	synagogue
le lever du soleil	sunrise	**la victoire**	victory

Comparative adverbs G

The comparative of an adverb is formed in the same way as the comparative of an adjective. In most cases this means placing *plus*, *moins* or *aussi* in front of the adverb, for example:

> *Cette fête a lieu **plus tard** dans l'année.*
> *Dans certains pays les fêtes durent **moins longtemps**.*
> *Connaissez-vous les fêtes **aussi bien** que vous ne le pensez ?*

A few adverbs have a special comparative form, for example:

> *Elle a **mieux** dansé que moi.*

TEST YOURSELF QUESTION

Lisez le message. Ensuite, lisez les phrases et décidez si chaque phrase est vraie ou fausse. Si elle est fausse, corrigez-la.

Salut Jade,

Tu m'as posé des questions sur le Ramadan et l'Aïd el-fitr. En fait, l'Aïd el-fitr marque la fin du Ramadan. J'attends toujours ce grand jour avec impatience et je viens de le célébrer avec ma famille. Pendant les 29 jours du Ramadan toute la famille, y compris mon grand-père qui est assez âgé, n'avait rien mangé du lever au coucher du soleil. Le matin de l'Aïd el-fitr, nous nous sommes levés de bonne heure et, après la prière matinale à la mosquée, nous avons préparé un grand repas et décoré la maison. Nous avons reçu beaucoup d'invités, surtout des proches. Tout le monde a échangé des cadeaux mais c'est toujours l'aspect religieux qui compte le plus. L'Aïd el-fitr est un jour de paix, de partage et d'unité pour la communauté musulmane – autant en France que dans le reste du monde.

Amitiés,

Mustapha

1 Mustapha a récemment fêté l'Aïd el-fitr.
2 Cette année, Mustapha a aimé l'Aïd el-fitr plus que d'habitude.
3 Pendant le Ramadan, toute la famille de Mustapha a jeûné sauf le grand-père.
4 Le jour de l'Aïd el-fitr, la famille s'est levée tôt.
5 La famille a prié avant de préparer à manger.
6 La plupart des invités étaient des membres de la famille.
7 Pour Mustapha, les cadeaux sont plus importants que l'aspect religieux.
8 L'Aïd el-fitr est moins important en France que dans d'autres pays.

REVISION TIP

Be aware of synonyms and near-synonyms when learning vocabulary. This will help you with reading comprehension tasks where the text and question may have different words with the same meaning.

Key vocabulary

assister à	to attend, to be present at	**la mariée**	bride
les bijoux (*m*)	jewels	**se marier**	to get married
coloré(e)	colourful	**Noël**	Christmas
l'époux (*m*)/**l'épouse** (*f*)	spouse	**l'œuf** (*m*) **en chocolat**	chocolate egg
s'étendre	to stretch, extend	**offrir**	to give (a present)
la fête des Mères	Mother's day	**le PACS**	civil partnership
le genre	kind, type	**se pacser**	to enter into a civil partnership
hindou(e)	Hindu		
laïque	secular, non-religious	**Pâques**	Easter
la mairie	town hall	**la robe**	dress
le mariage	wedding	**le sari**	sari
le marié	groom	**traditionnel(le)**	traditional
		vêtu(e) de	dressed in

Ⓖ

Superlative adverbs

These are formed in the same way as comparative adverbs, but with the addition of the definite article, for example:

Le plus souvent, les mariages s'étendent sur plusieurs jours.
Quelle fête dure le moins longtemps ?
C'est la fête que nous aimons le mieux.

💬

TEST YOURSELF QUESTION

1 Reliez chaque réponse à la question qui convient le mieux.
2 Inventez une réponse différente à chaque question.

Questions
1 Quel jour de fête as-tu célébré récemment ?
2 Cela a eu lieu quand ?
3 Tu t'es levé(e) tôt ce jour-là ?
4 Avec qui as-tu passé la journée ?
5 Tu as reçu des cadeaux ?
6 Tu as mangé quelque chose de spécial ?
7 Tu es sorti(e) ce jour-là ?
8 Pourquoi ce jour est-il important pour toi ?

Réponses
a On a invité ma tante et ses enfants.
b En décembre, bien sûr !
c Oui, et j'ai aidé à préparer le repas.
d Noël.
e C'est l'occasion de revoir des gens qu'on ne voit pas souvent.
f Non. Tout le monde est resté à la maison.
g Oui, avant le lever du soleil.
h Oui, et j'en ai offert aussi.

EXAM-STYLE QUESTION

Les fêtes de famille

Écrivez un article à ce sujet pour le magazine de votre collège. Écrivez 130-140 mots **en français**.

- Dans votre famille, quel jour important fêtez-vous ? Pourquoi ?
- Aimez-vous retrouver des membres de votre famille que vous ne connaissez pas bien ? Pourquoi (pas) ?
- Décrivez la dernière fois que vous avez retrouvé des membres de votre famille que vous ne connaissez pas bien.
- Quand vous serez plus âgé(e), célébrerez-vous les fêtes traditionnelles ? Pourquoi (pas) ?
- À votre avis, est-il important d'observer les fêtes religieuses ?

Sample answer

Dans votre famille, nous fêtons Hanoukka en famille. Nous sommes juifs et c'est une fête très importante pour notre religion. On l'appelle aussi la fête des Lumières et chaque soir nous allumons un candélabre dans la maison.

Apart from the slip in the first phrase – it should be *Dans ma famille* – this is a good introductory paragraph. It is a little on the long side, but this could compensate for slightly shorter answers in response to the other bullet points.

Je m'entends très bien avec ma famille. Mon père ne vit plus avec nous, mais ma mère est toujours de bonne humeur et mon petit frère est drôle.

The French is good but the student appears to have misunderstood the bullet point. The paragraph should be about meeting members of the family that you don't know well.

L'année dernière, ma cousine est venue chez moi fêter mon anniversaire. Nous avons bien ri ensemble et c'était bien de nous revoir car elle habite à l'étranger.

A good paragraph which includes several different verb forms and a suitable range of vocabulary.

Quand je serai plus âgée, je ne sais pas si je célébrerai les fêtes traditionnelles. J'ai plusieurs copines qui ne les célèbrent pas. D'un autre côté, c'est dommage d'oublier les traditions.

Another good paragraph, although it would be even better if it contained more verbs in the future tense.

Je pense que les fêtes sont moins importantes aujourd'hui. Beaucoup de jeunes préfèrent aller au cinéma ou faire du sport.

The student has unfortunately made no reference to religion so cannot earn any credit for this paragraph.

> ### EXAM TIP
>
> When responding to bullet points in a writing task, make sure that you change the pronouns and possessive adjectives where necessary. If the bullet point says *votre famille*, you will need to write *ma famille*.

Turn to page 118 for more practice of this style of writing question.

5.4 International menus

Key vocabulary

ajouter	to add	le four	oven
assaisonner	to season	la fourchette	fork
les baguettes (*f*)	chopsticks	hacher	to chop, to mince
la casserole	saucepan	la marmite	pot
couper	to cut	mélanger	to mix
le couteau	knife	le morceau	piece
la cuillère	spoon	peler	to peel
le/la cuisinier (-ère)	cook	la poêle	frying pan
éplucher	to peel	la recette	recipe
faire dorer	to brown	résister à	to resist
faire frire	to fry	souhaiter	to wish
faire revenir	to brown	les ustensiles (*m*)	utensils

Indefinite pronouns G

Indefinite pronouns take the place of a noun but do not refer to a specific person or thing. They can be used as the subject or object of a verb. Common examples are:

N'importe qui peut le faire.
Anyone can do it.

C'est à chacun de décider.
It's for each person to decide.

On peut tout manger.
You can eat everything.

Certains pensent que c'est trop épicé.
Some people think it's too spicy.

Personne n'aime ça.
No one likes that.

Tu vas ajouter quelque chose ?
Are you going to add anything?

Quelqu'un veut gouter ?
Does anyone want to try it?

TEST YOURSELF QUESTION

Complétez les phrases avec un verbe qui convient. Vous pouvez utiliser les verbes de la case – mais dans certains cas il faut changer la forme du verbe.

On prépare un plat mauricien.

1   Ce plat est assez facile à ....
2   Vous .... besoin des ingrédients suivants : poisson, ail, ognons, gingembre, poudre de curry, cumin, lait de coco, feuilles de curry, citron, sel, poivre.
3   D'abord, vous devez .... le poisson avec du sel et du poivre.
4   Après avoir .... le poisson en morceaux, faites-le dorer dans une poêle.
5   .... et émincez les ognons et l'ail. Puis faites-les frire dans une autre poêle.
6   Ajoutez le gingembre, la poudre de curry, le cumin et un verre d'eau avant de tout ....
7   Après quelques minutes de cuisson, ... le lait de coco, le poisson et les feuilles de curry.
8   Faites .... le tout pendant 15 minutes de plus.
9   .... le plat avec du riz blanc.
10 C'est un plat que tout le monde .... !

adorer	ajouter	assaisonner	avoir	couper	cuire	éplucher	mélanger	réaliser	servir

Key vocabulary

classique	classic, traditional	**l'océan** (*m*)	ocean
composé(e) de	made of	**poli(e)**	polite
la cuillère à café	teaspoon	**la poudre**	powder
en commun	in common, shared	**réaliser**	to achieve, to carry out
la friture	fried food	**renommé(e)**	renowned, famous
les fruits (*m*) **de mer**	seafood	**le poivre**	pepper
la feuille	leaf	**la spécialité**	speciality
la gastronomie	cuisine	**le sel**	salt
local(e) (locaux)	local	**le verre**	glass
le marché	market	**y compris**	including
la nourriture	food	**la zone côtière**	coastal zone

Indefinite adjectives

G

Indefinite adjectives behave like other adjectives but don't describe what a noun is like. Common examples are:

Chaque fois qu'on vient ici, on mange du curry.
Every time we come here, we eat a curry.

Vous avez besoin de quelques épices.
You need a *few* spices.

Certaines familles ne mangent jamais de viande.
Some families never eat meat.

Un tel plat est difficile à réaliser.
A dish *like that* is difficult to make.

Nous vendons d'autres produits frais.
We sell *other* fresh produce.

C'est le même menu qu'hier.
It's the *same* menu as yesterday.

TEST YOURSELF QUESTION

Imaginez que vous recevez un(e) jeune étranger/étrangère chez vous qui ne connait pas votre pays. Il/Elle vous pose les questions suivantes. Comment répondez-vous ? Si vous voulez, vous pouvez utiliser les mots de la case.

1 Chez toi, quel est le repas le plus important de la journée ? Pourquoi ?
2 Qui fait la cuisine chez toi ? Pourquoi ?
3 Et toi, tu aimes faire la cuisine ? Pourquoi (pas) ?
4 Quel est ton plat préféré ? De quoi est-il composé ?
5 Qu'est-ce que tu n'aimes pas manger ? Pourquoi pas ?

6 Vas-tu souvent au restaurant ? Si oui/non, quand ?
7 En général, dans ton pays, est-ce qu'on mange sain ?
8 Manges-tu souvent des plats étrangers ? D'où viennent-ils ?
9 Y a-t-il beaucoup de végétariens dans ton pays ?

anniversaire	choisir	diner	ingrédients	sucré(e)
avoir faim	composé(e) de	fêter	légumes	typique
un bon cuisinier/une bonne cuisinière	déjeuner	épicé(e)	origine	
	petit déjeuner	fruits	rentrer tôt/tard	

REVISION TIP

Prepare yourself to say and explain things which are very obvious to you but may not be familiar to a foreign listener.

EXAM-STYLE QUESTION

Vous allez entendre deux fois une conversation avec Benjamin, un jeune Canadien qui vient de passer quinze jours en Belgique.

Il y a une pause dans la conversation.

Pour chaque question, cochez (✓) la bonne case (**A-D**).

Vous avez d'abord quelques secondes pour lire les questions.

1 Selon Benjamin, ...
  A la cuisine française est bien connue. ☐
  B les Belges mangent surtout des plats français. ☐
  C les Français aiment la cuisine belge. ☐
  D la cuisine belge a influencé la cuisine de certains autres pays. ☐ [1]

2 En Belgique, les noms des repas sont...
  A les mêmes qu'en France. ☐
  B les mêmes qu'au Canada. ☐
  C les mêmes que dans tous les autres pays francophones. ☐
  D différents de ceux qu'on utilise dans les autres pays francophones. ☐ [1]

3 En général, les Belges mangent le repas du soir...
  A plus tard que les Canadiens. ☐
  B plus tôt que les Canadiens. ☐
  C à la même heure que les Canadiens. ☐
  D à des heures différentes selon les familles. ☐ [1]

4 La carbonade flamande...
  A est plus commune en France qu'en Belgique. ☐
  B se prépare avec du vin. ☐
  C ressemble un peu au bœuf bourguignon. ☐
  D est plus savoureuse que le bœuf bourguignon. ☐ [1]

5 Benjamin...
  A a mangé trop de frites pendant son séjour. ☐
  B a rarement mangé des frites pendant son séjour. ☐
  C voulait manger plus de frites pendant son séjour. ☐
  D préférait les frites belges aux frites canadiennes. ☐ [1]

6 Au restaurant, Benjamin...
  A savait ce qu'il allait choisir avant de regarder la carte. ☐
  B a choisi un plat international. ☐
  C a mangé une spécialité régionale. ☐
  D aurait aimé manger du poisson. ☐ [1]

[Total : 6]

Sample answer

1 *A*

Correct. The student has understood that *Tout le monde connait la cuisine française* corresponds to *la cuisine française est bien connue.*

2 *C*

The correct answer is B. Benjamin explains that the meals have the same names in Belgium and Canada, but different names in France.

3 C

The correct answer is D. While C may be true, the point Benjamin makes here is that meal times differ from family to family.

4 C

Correct. The student has understood the key phrase *comme le bœuf bourguignon qu'on mange en France*.

5 D

The correct answer is B. Benjamin says the chips in Belgium tasted different from those in Canada but he does not express a preference. On the other hand, he says he ate chips only twice, which corresponds to *rarement*.

6 C

Correct. The student has understood the phrase *Mais ils servaient aussi des spécialités de la région et j'ai choisi le waterzooi*.

EXAM TIP

In a multiple-choice task, the length of an option gives no clue as to whether it is correct or not. Examiners will avoid making correct options stand out in this way.

Turn to page 118 for more practice of this style of listening question.

Key vocabulary

s'aggraver	to get worse	**impair(e)**	odd (number)
agir	to take action	**interdire**	to ban
les autorités (*f*)	authorities	**la limitation de vitesse**	speed limit
le bruit	noise	**le numéro d'immatriculation**	registration number
le centre de recyclage	recycling centre	**la plaque d'immatriculation**	car number plate
la circulation	traffic	**pair**	even (number)
les déchets (*m*)	waste, rubbish	**les ordures** (*f*)	refuse, rubbish
dense	heavy (traffic)	**la pollution de l'air**	air pollution
efficace	effective, efficient	**prévoir**	to forecast, to predict
l'embouteillage (*m*)	traffic congestion		
l'environnement (*m*)	environment	**le recyclage**	recycling
(se) garer	to park	**le résultat**	result
gratuit(e)	free of charge	**l'usine** (*f*)	factory
		la voiture électrique	electric car

Depuis ⓖ

As well as being used with the present tense to say how long something has been happening, or since when something has been happening, the word *depuis* can be used with the imperfect tense to say how long something had been happening at a specific moment in the past.

*Le niveau de pollution **était élevé depuis une semaine** quand on a décidé d'agir.*
When they decided to act, the pollution level was high and had been so for more than a week.

*Quand ils ont vendu leur voiture, ils **se déplaçaient à vélo depuis plusieurs mois**.*
When they sold their car, they were already going everywhere by bike and had been doing so for several months.

TEST YOURSELF QUESTION

Vous allez écouter trois jeunes Français discuter des problèmes de l'environnement. Répondez aux questions en français. Vous pouvez utiliser les mots de la case si vous voulez.

1 De quel problème environnemental Clara parle-t-elle ?
2 Qu'est-ce qui cause ce problème ?
3 Quelles solutions Clara mentionne-t-elle ? (2 points)
4 Quelles solutions à ce problème Hugo propose-t-il ? (2 points)
5 De quel problème environnemental Lucie parle-t-elle ?
6 Quelles solutions à ce problème Lucie propose-t-elle ? (2 points)

air	déchets	laisser	réduire
bouteilles	encourager	ordures	réutiliser
centre-ville	gratuit(e)	plastique	transports en commun
circulation	interdire	prévoir	utiliser

REVISION TIP

The vocabulary of the environmental topic may seem specialised, but a relatively small number of key words will help you to understand and express some key ideas. Make sure you know those key words.

Key vocabulary

l'aide financière	financial assistance	**l'ensoleillement** (*m*)	sunshine
l'atmosphère (*f*)	atmosphere	**la génération**	generation
l'autorisation (*f*)	permit	**investir**	to invest
bénéficier de	to benefit from, to enjoy	**jeter**	to throw away/out
le certificat	certificate	**protéger**	to protect
le changement climatique	climate change	**la qualité de vie**	quality of life
combattre	to fight (against)	**renouvelable**	renewable
l'eau (*f*) **en bouteille**	bottled water	**le robinet**	tap
l'émission (*f*)	emission	**le sol**	ground, land
l'énergie (*f*) **éolienne**	wind power	**stocker**	to store
l'énergie (*f*) **solaire**	solar power	**surveiller**	to monitor, to control

Infinitive constructions with a preposition (G)

Many verbs can be linked to an infinitive by either *à* or *de*, as in the following examples.

> *Il faut **continuer à** combattre le changement climatique.*
> *Nous **commençons à** comprendre la situation.*
> *Cela nous **aide à** réduire les émissions.*
> *Ils nous **encouragent à** faire du covoiturage.*
> *On vous **recommande d'**utiliser l'eau du robinet.*
> *Elle **a promis de** recycler davantage.*
> *J'ai **décidé d'**acheter une voiture électrique.*
> *Il **refuse de** changer ses habitudes.*

TEST YOURSELF QUESTION

Lisez l'e-mail et remplissez les blancs en choisissant les bons mots dans la liste.

Salut Gabriel,

Tu m'as demandé ce qu'on fait ici dans l'Ontario pour protéger l'environnement. Alors, le ministère de l'Environnement de l'Ontario a enfin commencé à faire des efforts pour combattre le changement **1**.......... .

D'abord, les vieux véhicules diésel ou essence doivent **2**.......... un test d'émissions, sinon on n'a plus le droit de les **3**........... . L'Ontario offre une réduction sur le prix d'une nouvelle voiture électrique.

En ce qui concerne l'énergie, notre climat ensoleillé permet aux **4**.......... de bénéficier de l'énergie solaire. De plus, le ministère de l'Environnement encourage les fermiers à faire construire des éoliennes sur leur sol s'ils décident de profiter du **5**........... .

À la maison, on nous recommande d'utiliser l'eau du **6**.......... au lieu d'acheter des bouteilles en plastique qui polluent notre environnement. En général, on essaie d'utiliser **7**........... de plastique.

Est-ce que la France a introduit de telles mesures ?

Amitiés,

Florence

conduire	habitants	climatique	moins	robinet	passer	vent

REVISION TIP

How many examples of antonyms (pairs of words with opposite meanings) can you find in your vocabulary lists? This can be a good way of extending your vocabulary learning.

EXAM-STYLE QUESTION

You must carry out the task specified in the situation below. The roles to be played by the examiner and yourself are indicated. The important thing is to convey the message. In the exam you will not see the questions; you will only see the situation and then you will respond to the examiner's questions as you hear them.

Jeu de rôle

Vous êtes chez votre correspondant(e).
Vous parlez avec votre correspondant(e).

Candidat(e) : vous-même

Professeur(e) : correspondant(e)

Le/La professeur(e) va commencer la conversation.

Répondez à toutes les questions.

1 Dans ta région, quel est le problème environnemental le plus grave ?
2 Que penses-tu des transports en commun dans ton quartier ?
3 Récemment, qu'est-ce que tu as fait pour protéger l'environnement ?
4 À l'avenir, que fera-t-on dans ton pays pour combattre le changement climatique?
5 Es-tu optimiste ou pessimiste pour l'avenir de notre environnement ? Pourquoi ?

Sample answers

1 *C'est la pollution de l'air.*

This is a good start, but the student should say more, for example: *Il y a trop de véhicules et d'industries qui polluent l'air.*

2 *D'habitude je prends l'autobus pour aller au collège, mais hier j'y suis allé(e) en voiture.*

The French is good, especially as two tenses have been used, but the student has not answered the question asked. A better response would be, for example: *Dans mon village, nous n'avons pas de gare, mais les autobus sont assez fréquents.*

3 *J'ai aidé ma famille à trier les déchets. Nous recyclons le verre, le papier et le plastique.*

A good response. The second sentence could be improved further by the addition of a time adverb such as *normalement* or *chaque semaine.*

4 *J'espère qu'on utilisera plus les énergies renouvelables et que tout le monde aura une voiture électrique.*

A good response with two verbs in the future tense as well as *j'espère que.*

5 *Je suis optimiste car je pense que les problèmes sont trop graves et les gens voudront toujours utiliser leur voiture.*

The French is good, but it seems that the student has confused *optimiste* with *pessimiste.*

EXAM TIP

During the preparation period, use the time wisely to think of likely questions you may be asked on the set topic.

Turn to page 119 for more practice of this style of speaking question.

Your turn

1.1 MY HOME

Là où j'habite

- Vous habitez dans quel pays et quelle région ?
- Décrivez votre appartement ou votre maison.
- Qu'est-ce que vous avez fait chez vous le weekend dernier ?
- Aimez-vous votre chambre ? Pourquoi (pas) ?

Écrivez 80-90 mots **en français**.

1.2 MY SCHOOL

You must carry out the task specified in the situation below. The roles to be played by the examiner and yourself are indicated. The important thing is to convey the message. In the exam you will not see the questions; you will only see the situation and then you will respond to the examiner's questions as you hear them.

Jeu de rôle

Vous venez d'arriver chez votre ami(e) français(e). Vous discutez de la vie scolaire.

Candidat(e) : vous-même

Professeur(e) : ami(e) français(e)

Le/La professeur(e) va commencer la conversation.

Répondez à toutes les questions.

1 Dans ton collège, à quelle heure commencent les cours ? Tu en as combien par jour ?
2 Comment sont les salles de classe et le terrain de sport ?
3 Tu aimes ton collège ? Pourquoi (pas) ?
4 L'année dernière, quelle a été ta matière préférée ? Pourquoi ?
5 Tu viens au collège avec moi aujourd'hui. Veux-tu m'accompagner en classe ou rester dans la bibliothèque ? Pourquoi ?

1.3 MY EATING HABITS

Lisez l'e-mail. Pour chaque question, cochez (✓) la case qui correspond à la bonne réponse.

Salut !

Je viens de passer quinze jours chez mes grands-parents. Ils sont en bonne santé et je suis sure que c'est grâce à ce qu'ils mangent.

D'habitude, le matin, je mange des céréales et je ne bois rien, alors que mes grands-parents m'ont servi des tartines et du jus d'orange.

Normalement, mes grands-parents mangent un gros repas à midi. Mais pendant mon séjour ils ont changé cela et nous avons pris le repas principal le soir.

Le dernier jour, mes grands-parents étaient un peu fatigués et ils m'ont demandé de préparer un couscous aux légumes. J'ai eu de la chance car c'est mon plat préféré. Mes grands-parents aiment les légumes autant que la viande.

Pendant mon séjour je n'ai pas eu envie de manger des sucreries. Je sais que je grignote trop chez moi. Je vais essayer de changer mes mauvaises habitudes.

Emma

1   Emma a passé … chez ses grands-parents.
   A une semaine ☐
   B deux semaines ☐
   C plusieurs semaines ☐

2   Emma pense que ses grands-parents mangent…
   A sain. ☐
   B trop. ☐
   C tard. ☐

3   Chez ses grands-parents, Emma … au petit déjeuner.
   A a mangé des céréales ☐
   B a mangé des tartines ☐
   C n'a rien mangé ☐

4   Pendant qu'Emma était là, ses grands-parents ont mangé … à l'heure du déjeuner.
   A plus que d'habitude ☐
   B moins que d'habitude ☐
   C autant que d'habitude ☐

5   Le dernier jour, …
   A le grand-père d'Emma a préparé un couscous. ☐
   B Emma a demandé si elle pouvait manger son plat préféré. ☐
   C Emma a fait la cuisine. ☐

6   Les grands-parents d'Emma…
   A préfèrent les légumes à la viande. ☐
   B préfèrent la viande aux légumes. ☐
   C n'ont pas de préférence en ce qui concerne les légumes et la viande. ☐

7   Emma…
   A a refusé de manger des sucreries. ☐
   B a souvent eu faim avant les repas. ☐
   C voudrait moins grignoter. ☐

1.4 MY BODY AND MY HEALTH

Vous allez entendre deux fois une conversation entre Hugo et Fabienne au sujet de la vie saine. Choisissez l'affirmation (**A-F**) qui correspond à chaque activité.

Pour chaque activité, écrivez la bonne lettre (**A-F**) dans l'espace approprié.

Vous avez d'abord quelques secondes pour lire les informations ci-dessous.

Activité	**L'affirmation**
marcher _____	**A** Ça dépend du temps qu'il fait.
s'entrainer _____	**B** Je fais cela pendant les vacances.
faire du vélo _____	**C** C'est loin.
manger _____	**D** C'est équilibré.
boire _____	**E** Ce n'est pas assez.
	F Je fais cela plusieurs fois par semaine.

2.1 SELF, FAMILY, PETS, PERSONAL RELATIONSHIPS

Ma famille et mes amis

- Décrivez votre meilleur(e) ami(e).
- Quelles activités faites-vous avec vos ami(e)s ?
- Vous entendez-vous bien avec votre famille ? Pourquoi (pas) ?
- Qu'est-ce que vous avez fait récemment avec votre famille ?

Écrivez 80-90 mots **en français**.

2.2 LIFE AT HOME

Vous allez entendre deux fois une conversation avec Noah au sujet de la vie à la maison. Choisissez l'affirmation (**A-F**) qui correspond à chaque activité.

Pour chaque activité, écrivez la bonne lettre (**A-F**) dans l'espace approprié.

Vous avez d'abord quelques secondes pour lire les informations ci-dessous.

Activité	**L'affirmation**
surfer sur Internet _____	**A** Cela me détend.
écouter de la musique _____	**B** C'est pour l'été.
regarder la télé _____	**C** Je fais cela rarement.
jouer de la guitare _____	**D** Je fais cela quand je m'ennuie.
faire du jardinage _____	**E** Je fais cela quand j'ai fini mes devoirs.
	F Je fais cela quand il fait mauvais.

2.3 LEISURE, ENTERTAINMENTS, INVITATIONS

You must carry out the task specified in the situation below. The roles to be played by the examiner and yourself are indicated. The important thing is to convey the message. In the exam you will not see the questions; you will only see the situation and then you will respond to the examiner's questions as you hear them.

Jeu de rôle

Vous venez d'arriver chez votre ami(e) français(e). Vous discutez de vos passe-temps.

Candidat(e) : vous-même

Professeur(e) : ami(e) français(e)

Le/La professeur(e) va commencer la conversation.

Répondez à toutes les questions.

1 Qu'est-ce que tu fais normalement le weekend ?
2 Tu aimes le sport ? Pourquoi (pas) ?
3 La dernière fois que tu es sorti(e), qu'est-ce que tu as fait ?
4 Demain c'est samedi. Tu veux venir au cinéma avec moi ? Pourquoi (pas) ?
5 Qu'est-ce que tu veux faire dimanche ?

2.4 EATING OUT

*This task has been reduced for the purposes of this publication. In the exam you will have **five** people to match to **eight** options.*

Lisez les affirmations (**a-d**) puis les 6 descriptions (**1-6**).

On va au restaurant

Quel restaurant convient le mieux à chaque personne ?

Pour chaque question, écrivez le bon numéro (**1-6**) dans l'espace approprié.

a Khadija
Je n'aime pas le bruit et je ne serai pas pressée – nous sommes en vacances après tout ! Je veux savourer des plats de la région. ....

b Clément
Nous sommes une famille de quatre personnes. Nous ne mangeons pas de viande. Nous cherchons un restaurant pour fêter l'anniversaire de mon père lundi prochain. ....

c Jasmine
Nous cherchons un restaurant pour le déjeuner du mercredi, à l'extérieur de la ville. Mon frère se déplace en fauteuil roulant. ....

d Antoine
Je cherche un restaurant où je pourrais arriver sans réservation avec ma famille et notre adorable petit chien. Un cadre rural serait parfait. ....

Les restaurants

1 Petit restaurant familial situé au deuxième étage d'un bâtiment historique, près de la place du Marché. Plats végétariens et prix raisonnables. Enfants bienvenus.

2 Restaurant vietnamien, ouvert tous les jours sauf le lundi. Belle terrasse au cœur de la vieille ville avec vue sur la cathédrale. Nous vous conseillons de bien réserver à l'avance.

3 Ici vous pouvez prendre votre temps dans un endroit tranquille. Nous proposons des spécialités régionales de qualité exceptionnelle. Visitez notre site web pour réserver votre table. Nous sommes souvent complets !

4 Nous sommes fiers de notre réputation car notre poisson est toujours frais et de très bonne qualité. Notre restaurant se situe à deux minutes de la gare – idéal si vous arrivez en train. Réservation obligatoire.

5 Restaurant italien situé au bord du lac à 15 minutes du centre-ville. Ouvert du jeudi au dimanche. Il n'est pas nécessaire de réserver à l'avance. Enfants et animaux bienvenus.

6 Découvrez notre restaurant méditerranéen situé dans un cadre agréable à 4 km de la ville. Ouvert du lundi au samedi. Accès handicapé. Réservation recommandée.

2.5 SPECIAL OCCASIONS

Faire la fête – on s'amuse avec d'autres personnes

Écrivez un article à ce sujet pour le magazine de votre collège. Écrivez 130-140 mots **en français**.

● Quand faites-vous la fête ?
● Préférez-vous faire la fête avec vos copains ou avec votre famille ? Donnez vos raisons.
● Où préférez-vous faire la fête ? Pourquoi ?
● Décrivez la dernière fois que vous avez fait la fête.
● Quand vous serez plus âgé(e), à quelles occasions ferez-vous la fête ?

2.6 GOING ON HOLIDAY

Conversation générale : répondez à ces questions en français. Cette conversation doit durer quatre minutes.

Les vacances

1 D'habitude, avec qui pars-tu en vacances ?
2 Quand pars-tu en vacances ? Pour combien de temps ?
3 La dernière fois que tu es parti(e) en vacances, où es-tu allé(e) ? Comment as-tu voyagé ?
4 La prochaine fois que tu partiras en vacances, quelles activités voudrais-tu faire ? Pourquoi ?
5 À ton avis, quels sont les inconvénients des vacances ?

2.7 FAMILY AND FRIENDS ABROAD

Vous allez entendre une interview avec Malek est en qui est allée voir sa famille en Guadeloupe. L'interview est en deux parties.

Vous allez entendre la première partie de l'interview deux fois. Pour les Questions **1-5**, cochez (✓) la bonne case, **A**, **B** ou **C**.

Vous avez d'abord quelques secondes pour lire les Questions **1-5**.

1 Malek...
   A est née en Guadeloupe. ☐
   B a vécu en France et en Guadeloupe. ☐
   C n'a jamais habité en Guadeloupe. ☐
2 Les parents de Malek...
   A sont venus en France il y a vingt ans. ☐
   B ont passé vingt ans en Guadeloupe. ☐
   C habitent en Guadeloupe depuis vingt ans. ☐

It is illegal to photocopy this page

3 Malek a ... qui habite(nt) en Guadeloupe.
   A une grand-mère ☐
   B deux tantes ☐
   C une cousine ☐
4 Quand Malek est arrivée en Guadeloupe...
   A il faisait chaud. ☐
   B il faisait plus froid que d'habitude. ☐
   C il faisait un temps variable. ☐
5 Malek a l'impression...
   A qu'on fête le carnaval plus tard en Guadeloupe qu'en France. ☐
   B que les Guadeloupéens ont beaucoup de jours fériés. ☐
   C qu'en Guadeloupe Noël est la fête la plus importante. ☐

Vous allez entendre la deuxième partie de l'interview deux fois. Pour les Questions **6-9**, cochez (✓) la bonne case, **A**, **B** ou **C**.

Vous avez d'abord quelques secondes pour lire les Questions **6-9**.

6 Pendant son séjour, Malek...
   A a fait la cuisine. ☐
   B a apprécié le poisson de la région. ☐
   C a mangé comme chez elle. ☐
7 Malek...
   A a pensé que les activités en Guadeloupe étaient limitées. ☐
   B a remarqué qu'en Guadeloupe on donne des cours de danse. ☐
   C a pratiqué des sports nautiques pendant ses vacances en Guadeloupe. ☐
8 On ne voit pas beaucoup de touristes parisiens en Guadeloupe...
   A à cause de la distance. ☐
   B à cause du climat. ☐
   C à cause du cout de la vie. ☐
9 À l'avenir, Malek...
   A voudrait vivre en Guadeloupe. ☐
   B ne voudrait pas vivre en Guadeloupe. ☐
   C ne sait pas si elle voudrait vivre en Guadeloupe. ☐

3.1 HOME TOWN AND GEOGRAPHICAL SURROUNDINGS

You must carry out the task specified in the situation below. The roles to be played by the examiner and yourself are indicated. The important thing is to convey the message. In the exam you will not see the questions; you will only see the situation and then you will respond to the examiner's questions as you hear them.

Jeu de rôle

Vous êtes dans un office de tourisme en France.
Vous parlez avec l'employé(e).

Candidat(e) : vous-même

Professeur(e) : employé(e)

Le/La professeur(e) va commencer la conversation.

Répondez à toutes les questions.

1 Bonjour mademoiselle/monsieur, quelles attractions voudriez-vous visiter ?
2 Vous voulez acheter des tickets de métro ? Pourquoi (pas) ?
3 Nous avons un excellent théâtre et deux cinémas. Cela vous intéresse ? Pourquoi (pas) ?
4 Vous avez visité d'autres villes en France ? Vous les avez aimées ?
5 Quelles sont les différences entre cette ville et l'endroit où vous habitez ?

3.2 SHOPPING

Lisez l'e-mail de Manon, puis répondez aux questions **en français**.

Salut !

Je t'écris pour te raconter ce qui s'est passé samedi matin. Je suis allée en ville faire du shopping, comme d'habitude, mais je n'ai pas eu beaucoup de chance.

D'abord, j'ai décidé d'acheter un cadeau d'anniversaire pour mon père. Je voulais lui acheter le dernier roman de son auteur préféré parce qu'il adore lire pendant les vacances. Dans notre ville, nous avons deux librairies – la première était fermée et la deuxième ne l'avait pas. Que faire ? Je me suis souvenue que mon père avait besoin d'un nouveau pullover. J'ai fait plusieurs magasins, mais je n'aimais pas la couleur des pullovers qu'ils proposaient, donc je n'ai rien acheté.

Après avoir piqueniqué, j'ai cherché de nouveaux vêtements pour moi. Je suis allée dans ma boutique préférée, juste à côté de la poste, mais le pantalon que je voulais acheter était trop cher. Ils avaient de belles sandales en soldes, mais ils n'avaient pas ma pointure. Je vais devoir commander des sandales en ligne.

À trois heures j'ai décidé de rentrer chez moi. Normalement je prends le bus mais il faisait très beau, donc je suis rentrée à pied. Je n'ai pas dépensé un seul euro ce jour-là !

Amitiés, Manon

1 Quand Manon est-elle allée en ville ?
2 Pour qui est-ce que Manon voulait acheter un cadeau ?
3 Pourquoi voulait-elle acheter un roman ?
4 Pourquoi n'a-t-elle rien acheté dans la première librairie ?
5 Pourquoi Manon n'a-t-elle pas acheté de pullover ?
6 Qu'est-ce que Manon a fait avant de chercher de nouveaux vêtements pour elle ?
7 Où se trouvait sa boutique préférée ?
8 Pourquoi Manon n'a-t-elle pas acheté de pantalon ?
9 Pourquoi n'a-t-elle pas acheté de sandales ?
10 Comment Manon est-elle rentrée chez elle ?

3.3 PUBLIC SERVICES

La communication

Écrivez un article à ce sujet pour le magazine de votre collège. Écrivez 130-140 mots **en français**.

● Comment utilisez-vous Internet ?
● À votre avis, quels sont les avantages d'Internet ?
● Allez-vous souvent à la bibliothèque ? Pourquoi (pas) ?
● Décrivez la dernière fois que vous avez reçu un paquet par la poste. C'était une bonne surprise ?
● Ce sera quand, la prochaine fois que vous écrirez une lettre ? Pourquoi écrirez-vous cette lettre ?

3.4 NATURAL ENVIRONMENT

Vous allez entendre une interview au sujet du parc national des Cévennes.

Vous allez entendre la première partie de l'interview deux fois. Pour les Questions **1-5**, cochez (✓) la bonne case, **A**, **B** ou **C**.

Vous avez d'abord quelques secondes pour lire les Questions **1-5**.

1   Dans les Cévennes,...
    A   il fait sec.
    B   il fait chaud.
    C   il n'y a pas de vent.
2   Natu'Rando offre des excursions...
    A   à vélo.
    B   sur la rivière.
    C   en autocar.
3   Le pont du Gard est mentionné pour...
    A   ses vues magnifiques.
    B   son histoire fascinante.
    C   ses sentiers accessibles.
4   L'association Le Merlet offre...
    A   des promenades à cheval.
    B   des balades à VTT.
    C   des excursions à pied.
5   L'association Le Merlet...
    A   est active depuis plus de vingt ans.
    B   a organisé plus de vingt séjours de vacances.
    C   emploie plus de vingt moniteurs.

Vous allez entendre la deuxième partie de l'interview deux fois. Pour les Questions **6-9**, cochez (✓) la bonne case, **A**, **B** ou **C**.

Vous avez d'abord quelques secondes pour lire les Questions **6-9**.

6   Une visite à Royal Kids est recommandée...
    A   pendant les vacances d'hiver.
    B   s'il fait mauvais.
    C   aux visiteurs étrangers.
7   Royal Kids, c'est un parc à thème qui est idéal pour...
    A   les enfants de moins de douze ans.
    B   les enfants de plus de douze ans.
    C   les enfants et les adultes.
8   Royal Kids est ouvert...
    A   tous les jours fériés.
    B   tous les jours.
    C   presque tous les jours.
9   L'entrée au parc coute moins cher...
    A   si vous avez au moins deux enfants.
    B   si vous y allez le mardi en période scolaire.
    C   si vous achetez les billets à l'avance.

3.5 WEATHER

Conversation générale : répondez à ces questions en français. Cette conversation doit durer quatre minutes.

Le temps qu'il fait

1 Dans ta région, quel temps fait-il normalement, en été ?
2 Qu'est-ce que tu as fait la dernière fois qu'il a fait mauvais ?
3 Qu'est-ce que tu feras le weekend prochain s'il fait plus chaud que d'habitude ?
4 Comment est-ce que le climat change dans ta région ?
5 Que faut-il faire pour combattre les changements climatiques ?

3.6 FINDING THE WAY

En ville

Écrivez un article à ce sujet pour le magazine de votre collège. Écrivez 130-140 mots **en français**.

● Quelle est la dernière ville que vous avez visitée ? Quand avez-vous fait cette visite et avec qui ?
● Quels endroits avez-vous visités dans la ville ? Comment vous êtes-vous déplacé(e)(s) ?
● Avez-vous facilement trouvé votre chemin ? Pourquoi (pas) ?
● Voudriez-vous retourner dans cette ville à l'avenir ? Pourquoi (pas) ?
● Pour trouver votre chemin en général, préférez-vous utiliser un plan de ville ou un smartphone ? Pourquoi ?

3.7 TRAVEL AND TRANSPORT

Lisez ces contributions à un forum de discussion sur les transports. Pour chaque question, cochez (✓) la case qui correspond à la bonne réponse.

Pauline

Mes copines vont au collège à vélo, mais j'y vais à pied – même quand il fait mauvais – parce que c'est juste à côté. Si j'y vais en voiture ça prend plus de temps.

Alexis

Mon frère a une moto et il l'utilise pour aller au travail. Je voudrais faire comme lui mais je suis trop jeune. Pour l'instant je prends le car de ramassage scolaire, tous les jours. Ce n'est pas cher et c'est bien d'être avec mes copains. S'il y avait une piste cyclable, j'irais au collège à vélo.

Laura

Je n'aime pas faire de la marche ; je préfère garder la forme en participant à des sports d'équipe. En plus, il y a trop de circulation et souvent il faut attendre cinq minutes pour traverser la rue. C'est embêtant. Donc je prends le bus. Quand je serai plus âgée j'achèterai une petite voiture. Comme ça je pourrai décider à quelle heure je quitterai la maison.

1 Pour aller au collège, Pauline…
   A prend toujours son vélo. ☐
   B prend souvent son vélo. ☐
   C ne prend jamais son vélo. ☐
2 Pauline habite…
   A près de son collège. ☐
   B assez loin de son collège. ☐
   C très loin de son collège. ☐

3   Le trajet en voiture est...
    A   confortable.
    B   cher.
    C   long.
4   Si c'était possible Alexis voudrait...
    A   se déplacer à moto.
    B   prendre le car de ramassage scolaire.
    C   passer plus de temps avec ses copains.
5   Alexis ne va pas au collège à vélo...
    A   parce qu'il veut y arriver à l'heure.
    B   parce qu'il n'y a pas de piste cyclable.
    C   parce qu'il a besoin d'un nouveau vélo.
6   Laura n'aime pas...
    A   pratiquer des sports.
    B   prendre la voiture.
    C   attendre pour traverser la rue.
7   Quand elle aura une voiture Laura...
    A   choisira à quelle heure elle partira.
    B   économisera de l'argent.
    C   rentrera plus vite chez elle.

4.1 FRENCH SCHOOLS

Vous allez entendre une interview avec Omar sur l'école primaire et le collège. Vous allez entendre l'interview deux fois.

Il y a deux pauses dans l'interview.

Pour chaque question, cochez (✓) les **deux** bonnes cases (**A-E**).

Vous avez d'abord quelques secondes pour lire les questions.

1   A   À l'école primaire, Omar s'ennuyait en classe.
    B   Omar aimait sa nouvelle professeure.
    C   Omar trouvait les cours assez durs.
    D   La professeure était patiente avec les autres élèves.
    E   À l'heure du déjeuner, Omar et son meilleur copain restaient à l'école.

2   A   Omar va au même collège que ses camarades de l'école primaire.
    B   Le collège est moins moderne que l'école primaire.
    C   Omar s'est tout de suite habitué à son emploi du temps.
    D   Maintenant, Omar a des copains au collège.
    E   Les langues et les sciences sont les matières préférées d'Omar.

3   A   La sœur d'Omar quittera l'école primaire à la fin de l'année scolaire.
    B   La sœur d'Omar aime son école.
    C   La sœur d'Omar s'entend mieux avec sa professeure qu'avec les autres élèves.
    D   La sœur d'Omar est impatiente d'aller au collège.
    E   La sœur d'Omar va aider Omar à faire ses devoirs.

4.2 FURTHER EDUCATION AND TRAINING

You must carry out the task specified in the situation below. The roles to be played by the examiner and yourself are indicated. The important thing is to convey the message. In the exam you will not see the questions; you will only see the situation and then you will respond to the examiner's questions as you hear them.

Jeu de rôle

Vous allez bientôt passer le brevet des collèges. Vous discutez de vos projets d'avenir avec un(e) ami(e).

Candidat(e) : vous-même

Professeur(e) : ami(e)

Le/La professeur(e) va commencer la conversation.

Répondez à toutes les questions.

1 Quelles sont tes matières préférées ? Pourquoi ?
2 Quelles matières voudrais-tu étudier au lycée ? Pourquoi ?
3 À ton avis, quel est le principal avantage d'un lycée général et technologique ?
4 Veux-tu faire des études supérieures ? Pourquoi (pas) ?
5 Quel métier t'intéresse le plus ? Pourquoi ?

4.3 FUTURE CAREER PLANS

Lisez ce forum de discussion sur les métiers, puis répondez aux questions **en français**.

Baptiste

Quand j'étais plus jeune je rêvais de devenir musicien professionnel. Maintenant, je comprends que ce n'est pas un métier stable, comme le métier d'acteur. Si j'écoutais ma mère, je deviendrais comptable car elle pense que je suis fort en maths, mais ce métier ne m'intéresse pas du tout. En fait je préférerais travailler comme journaliste pour pouvoir voyager et rencontrer des gens intéressants.

Anaïs

Mes grands-parents m'ont conseillé de faire des études supérieures parce qu'ils n'ont pas eu cette chance. Je pense qu'ils ont raison. Je m'intéresse à la biologie mais je ne veux pas devenir médecin car les études sont trop longues. En plus, je n'ai pas envie de travailler dans un hôpital. Notre voisine est pharmacienne et cela pourrait m'intéresser. Je vais lui poser des questions sur son métier.

Mattéo

Je ne sais pas ce que je vais faire comme métier, mais je veux un emploi bien payé – comme tout le monde ! Puisque je m'intéresse aux langues j'aimerais travailler à l'étranger, peut-être pour une compagnie internationale. Mon père a travaillé en Espagne et au Portugal pendant cinq ans et il a aimé découvrir des cultures différentes. Il a aussi apprécié le climat du Sud. L'inconvénient, c'est qu'il ne nous voyait pas souvent.

1 Quel était le rêve de Baptiste quand il était plus jeune ?
2 Qu'est-ce que les métiers de musicien et d'acteur ont en commun ?
3 Qui pense que Baptiste devrait devenir comptable ?
4 Quel métier permettrait à Baptiste de rencontrer des gens intéressants ?
5 Qu'est-ce que les grands-parents d'Anaïs n'ont pas pu faire ?
6 Pourquoi Anaïs ne veut-elle pas devenir médecin ? (2 points)
7 À qui Anaïs va-t-elle poser des questions ?
8 Selon Mattéo, qu'est-ce que tout le monde désire ?
9 Pourquoi Mattéo veut-il travailler à l'étranger ?
10 Pourquoi le père de Mattéo a-t-il aimé son travail à l'étranger ? (2 points)

4.4 EMPLOYMENT

Les emplois

Écrivez une lettre de motivation pour un emploi d'hiver dans une station de ski. Écrivez 130-140 mots **en français**.

- Comment avez-vous su que cet emploi existait ?
- Quand voulez-vous travailler ? Pour combien de temps ?
- Pourquoi cet emploi est-il idéal pour vous ?
- Avez-vous déjà travaillé ? Où et quand ?
- À l'avenir, espérez-vous travailler à l'étranger ? Pourquoi (pas) ?

4.5 COMMUNICATION AND TECHNOLOGY AT WORK

Vous allez entendre deux fois un entretien d'embauche avec Arthur qui veut travailler dans une petite entreprise en France.

Il y a une pause dans l'entretien.

Pour chaque question, cochez (✓) la bonne case (**A-D**).

Vous avez d'abord quelques secondes pour lire les questions.

1 Arthur...
   - **A** vient de terminer ses études. ☐
   - **B** fait des études scientifiques. ☐
   - **C** va bientôt commencer des études scientifiques. ☐
   - **D** a arrêté d'étudier les sciences. ☐
2 Le père d'Arthur...
   - **A** vient d'Espagne. ☐
   - **B** habite en Amérique du Sud. ☐
   - **C** ne parle pas français. ☐
   - **D** a aidé Arthur à parler espagnol. ☐
3 Arthur...
   - **A** a déjà travaillé en France. ☐
   - **B** connait les clients de cette entreprise. ☐
   - **C** sait qu'il faut écouter les clients. ☐
   - **D** se lève tôt pour aller au travail. ☐
4 Arthur...
   - **A** est prêt à travailler le weekend. ☐
   - **B** n'est libre que le weekend. ☐
   - **C** peut compter sur ses collègues. ☐
   - **D** dit qu'il ne fait jamais d'erreurs. ☐
5 Arthur...
   - **A** veut travailler dans la biochimie. ☐
   - **B** cherche un emploi temporaire. ☐
   - **C** veut travailler dans un pays qu'il a déjà visité. ☐
   - **D** cherche un emploi bien payé. ☐
6 Arthur veut savoir...
   - **A** combien d'heures il travaillera par semaine. ☐
   - **B** quand il sera possible de commencer son travail. ☐
   - **C** s'il pourra voyager pour son travail. ☐
   - **D** si les résultats de ses examens sont importants. ☐

5.1 INTERNATIONAL TRAVEL

Conversation générale : répondez à ces questions en français. Cette conversation doit durer quatre minutes.

Les voyages internationaux

1 Pour aller à l'étranger, quel est le meilleur moyen de transport ? Pourquoi ?
2 Pour les longs voyages, quels sont les inconvénients de la voiture ?
3 Que penses-tu du taxi comme moyen de transport dans les grandes villes ?
4 Décris un voyage intéressant que tu as fait.
5 La prochaine fois que tu partiras en vacances, quel moyen de transport choisiras-tu ? Pourquoi ?

5.2 WEATHER ON HOLIDAY

Lisez ce message au sujet des vacances. Pour chaque question, cochez (✓) la case qui correspond à la bonne réponse.

Salut,

L'année dernière, je suis partie en vacances trois fois. D'abord, ma famille et moi nous sommes allés faire du ski dans les Alpes, comme d'habitude. Mais cette fois-ci, il avait trop neigé avant notre arrivée et la plupart des pistes étaient fermées. C'était décevant.

Pendant les grandes vacances, je suis allée voir ma correspondante anglaise à Londres. Nous nous écrivions depuis longtemps, mais c'est notre première rencontre. Le climat anglais a une mauvaise réputation, mais j'ai été étonnée parce qu'au lieu de pleuvoir il a fait beau tous les jours.

Au mois d'octobre, ma meilleure copine et moi avons passé une semaine dans les Pyrénées. Nous pensions faire des randonnées, mais à cause du vent et du froid nous avons décidé de faire du tourisme dans les vallées. Heureusement, le dernier jour, le temps s'est amélioré et cela nous a permis de faire de la marche – enfin !

Emma

1 Emma…
 A avait déjà fait du ski dans les Alpes.
 B avait toujours voulu faire du ski.
 C a fait du ski trois fois l'année dernière.
2 Pendant son séjour dans les Alpes, …
 A toutes les pistes étaient fermées.
 B il a continué à neiger.
 C Emma n'a pas pu skier.
3 Emma a été…
 A heureuse.
 B déçue.
 C étonnée.

4 L'année dernière, ...

    A Emma est allée voir sa correspondante pour la première fois. ☐

    B Emma a envoyé son premier message à sa correspondante. ☐

    C Emma et sa correspondante sont parties à l'étranger ensemble. ☐

5 À Londres, ...

    A il a plu. ☐

    B il a fait beau. ☐

    C le temps a été variable. ☐

6 Dans les Pyrénées, ...

    A il a fait mauvais. ☐

    B les nuits ont été froides. ☐

    C il a fait du vent dans les vallées. ☐

7 Emma et sa copine...

    A ont fait des randonnées tous les jours. ☐

    B avaient espéré faire du tourisme dans les vallées. ☐

    C ont dû attendre le dernier jour pour faire de la marche. ☐

5.3 FESTIVALS AND FAITHS

Les fêtes

Écrivez un article à ce sujet pour le magazine de votre collège. Écrivez 130–140 mots **en français**.

- Quelle est votre fête préférée ? Pourquoi ?
- L'année dernière, comment avez-vous célébré cette fête ?
- Quelle autre fête célèbrerez-vous l'année prochaine ? Comment la célèbrerez-vous ?
- En général, préférez-vous célébrer les fêtes avec votre famille ou avec des amis ? Pourquoi ?
- À votre avis, est-il important d'observer les fêtes traditionnelles ?

5.4 INTERNATIONAL MENUS

Vous allez entendre deux fois une conversation avec Zoé, une jeune Française qui vient de passer quinze jours à Madagascar.

Il y a une pause dans la conversation.

Pour chaque question, cochez (✓) la bonne case (**A–D**).

Vous avez d'abord quelques secondes pour lire les questions.

1 Zoé...

    A avait passé son enfance à Madagascar. ☐

    B avait visité plusieurs fois Madagascar. ☐

    C avait entendu parler de la vie à Madagascar. ☐

    D a été étonnée de voir tellement de différences entre Madagascar et la France. ☐

2 À Madagascar, ...

    A Zoé a dormi dans une petite maison. ☐

    B Zoé a logé chez une famille de quatre personnes. ☐

    C Zoé a eu du mal à s'entendre avec la famille. ☐

    D Zoé n'a pas bien mangé parce que la famille était pauvre. ☐

3 Dans la famille, ...

    A les deux parents partaient au travail tous les matins. ☐

    B les enfants aidaient leurs parents après être rentrés de l'école. ☐

    C tout le monde parlait français. ☐

    D le garçon le plus âgé pouvait avoir une conversation avec Zoé. ☐

4 Zoé a remarqué...

    A qu'on ne mangeait jamais de viande. ☐

    B l'importance du riz dans l'alimentation. ☐

    C la grande variété des plats. ☐

    D qu'on partageait le dessert avec les voisins. ☐

5 Zoé…
   A a mangé un plat français que la famille avait préparé. ☐
   B a eu du mal à trouver certains ingrédients. ☐
   C est allée à une épicerie parce qu'il n'y avait pas de supermarché. ☐
   D a choisi une sorte de viande qu'on ne vend pas en France. ☐
6 Zoé…
   A vient de terminer ses études de médecine. ☐
   B veut travailler en France avant de retourner à Madagascar. ☐
   C regrette que les gens ne parlent pas tous français. ☐
   D pense qu'on aura besoin d'une personne comme elle à Madagascar. ☐

5.5 ENVIRONMENTAL PROBLEMS

You must carry out the task specified in the situation below. The roles to be played by the examiner and yourself are indicated. The important thing is to convey the message. In the exam you will not see the questions; you will only see the situation and then you will respond to the examiner's questions as you hear them.

Jeu de rôle

Vous êtes chez votre correspondant(e).
Vous parlez avec votre correspondant(e).

Candidat(e) : vous-même

Professeur(e) : correspondant(e)

Le/La professeur(e) va commencer la conversation.

Répondez à toutes les questions.

1 Chez toi, qu'est-ce que tu fais pour protéger l'environnement ?
2 À ton avis, quelle sorte de pollution est la plus grave ? Pourquoi ?
3 Là où tu habites, comment sont les transports en commun ?
4 Dans ta ville ou dans ta région, qu'est-ce qu'on a déjà fait pour protéger l'environnement ?
5 Dans ton pays, qu'est-ce qu'il faut encore changer pour mieux protéger l'environnement ?

Answers

1.1 My home

Test yourself (p. 6)

1	habite	6	chambres
2	mer	7	immeuble
3	magasins	8	parc
4	grand	9	murs
5	bureau	10	passer

Test yourself (p. 8)

1	c	3	a	5	b	7	h
2	f	4	g	6	d	8	e

1.2 My school

Test yourself (p. 10)

1	réveille	6	après
2	sept	7	quart
3	quitte	8	moins
4	parle	9	mange
5	huit	10	couche

Test yourself (p. 11)

B, C, E, G, J

1.3 My eating habits

Test yourself (p. 13)

1	de l'	3	des	5	de la	7	de
2	de	4	du	6	du	8	de

Test yourself (p. 14)

1 vrai
2 faux; *cousins* → grands-parents
3 vrai
4 faux; *la viande* → le poisson
5 faux; *Samira aime* → Les grands-parents de Samira aiment...
6 vrai
7 vrai
8 faux; *le père de Samira* → Samira
9 vrai
10 faux; *chaud* → froid
11 faux; *les plats préparés* → la nourriture fraiche

1.4 My body and my health

Test yourself (p. 16)

1 J'ai mal à la tête.

2 J'ai mal au bras.
3 J'ai mal aux dents.
4 J'ai mal à la gorge.
5 J'ai mal au ventre. / J'ai mal à l'estomac.
6 J'ai de la fièvre.

Test yourself (p. 17)

2, 5, 6, 7, 10

2.1 Self, family, pets, personal relationships

Test yourself (p. 21)

1 Julien
2 La mère (de Thomas) / Chloé
3 48 ans
4 Le beau-père (de Thomas) / Julien
5 Son frère / Nathan
6 Il est généreux.
7 Elle fait des études / Elle est à l'université.
8 Elle est (trop) sérieuse.
9 Le (nouveau) petit ami d'Hélène / de la demi-sœur de Thomas

2.2 Life at home

Test yourself (p. 23)

1 faux – Mina fait ses devoirs *dans le salon* → dans sa chambre.
2 faux – Mina aime *regarder la télévision* → lire / Mina aime → Ses frères aiment regarder la télévision.
3 faux – Les frères de Mina *écoutent* → jouent de la musique.
4 vrai
5 faux – La mère de Mina passe la plus grande partie de la journée *chez elle* → au travail.
6 vrai
7 vrai
8 faux – Le weekend, les parents de Mina se lèvent *tôt* → tard.

Test yourself (p. 24)

1	Aide/Aidez	6	viens
2	mangez	7	inquiétez
3	oublie	8	débarrassez
4	range	9	Sois
5	Mettez	10	ayez

2.3 Leisure, entertainments, invitations

Test yourself (p. 26)

1 passe-temps
2 samedi
3 aime
4 dimanche
5 équipe
6 copains
7 nager
8 bruit
9 rap
10 théâtre

Test yourself (p. 27)

1 partirai
2 prendra
3 viendrez
4 préparera
5 feras
6 demanderai
7 aurons
8 seront
9 accompagnera
10 m'occuperai

2.4 Eating out

Test yourself (p. 29)

	Plat choisi	Raison
Cliente – entrée	soupe à l'ognon	adore ça
Client – entrée	salade de tomates	sain
Cliente – plat principal	thon + légumes	ne mange pas souvent de thon
Client – plat principal	thon + légumes	ne veut pas manger de viande rouge
Cliente – dessert	glace à la vanille	parfum préféré
Client – dessert	rien (de sucré)	n'aura plus faim

Test yourself (p. 30)

1 e
2 c
3 b
4 h
5 f
6 a
7 d
8 g

2.5 Special occasions

Test yourself (p. 33)

1 J'ai invité des ami(e)s...
2 J'ai donné un cadeau à quelqu'un...
3 J'ai fêté un anniversaire...
4 J'ai dansé...
5 J'ai retrouvé des ami(e)s...
6 J'ai acheté un cadeau...
7 J'ai choisi une carte d'anniversaire...
8 J'ai pris des photos...
9 J'ai écouté quelqu'un chanter...
10 J'ai vu des gens heureux...

Test yourself (p. 34)

1 G
2 V
3 A
4 N
5 V
6 A
7 N
8 A
9 G

2.6 Going on holiday

Test yourself (p. 36)

Students' own

Test yourself (p. 37)

1 (c'était) la plus belle ville de France
2 plus de 300
3 depuis 2007
4 le premier dimanche de chaque mois
5 le vélo / le Vélib'
6 (le Grand) Théâtre (de Bordeaux); (la) cathédrale (Saint-André)
7 (c'est) la plus longue rue piétonne d'Europe
8 (c'est) après la saison des pluies / il ne pleut pas
9 à la mer

2.7 Family and friends abroad

Test yourself (p. 39)

1, 5, 6, 8, 9

Test yourself (p. 41)

Possible answer:

Quand elle était petite, ma grand-mère habitait dans un petit village. Sa maison était assez grande. À la maison, elle parlait français. Elle connaissait beaucoup de gens dans le village. Elle se déplaçait surtout à vélo. Elle prenait le train pour partir en vacances. Ses parents n'avaient pas de voiture. Ma grand-mère achetait les provisions au marché le samedi matin. Elle mangeait du poisson, mais pas de viande. La plupart du temps, elle était heureuse.

3.1 Home town and geographical surroundings

Test yourself (p. 44)

Possible answers:
2 à la boulangerie – On va à la boulangerie pour acheter du pain.
3 à la boucherie – On va à la boucherie pour acheter de la viande.
4 à l'épicerie – On va à l'épicerie pour acheter des fruits et des légumes.
5 à la gare – On va à la gare pour prendre le train.
6 au centre sportif – On va au centre sportif pour jouer au badminton.
7 à la bibliothèque / à la librairie – On va à la bibliothèque / à la librairie pour trouver un livre (à lire pendant les vacances).
8 au stade – On va au stade pour regarder/aller voir un match de foot.
9 à l'office de tourisme – On va à l'office de tourisme quand on a besoin de dépliants (sur la ville).

10 au commissariat de police – On va au commissariat de police pour déclarer un vol.

Test yourself (p. 45)

1 vrai
2 vrai
3 faux – Gabriel trouvait la vie à Sigean *bruyante* → tranquille.
4 faux – La sœur de Gabriel voulait sortir, mais à Sigean il n'y avait pas beaucoup de possibilités.
5 vrai
6 vrai
7 faux – À Sigean, la famille de Gabriel prenait *l'autobus* → la voiture à Sigean.
8 faux – Gabriel trouvait les habitants de Sigean *moins* → plus accueillants que ceux de Lyon.
9 vrai
10 faux – À Lyon, Gabriel habite *trop loin* → près d'un espace vert.

3.2 Shopping

Test yourself (p. 47)

1 de lait
2 du fromage / du camembert
3 à la boulangerie
4 des pains au chocolat
5 une petite épicerie
6 sa mère / maman
7 plus frais
8 à vélo

Test yourself (p. 48)

Possible answers:
1 Quels magasins y a-t-il dans ton village ?
2 Qu'est-ce qu'on peut acheter au marché ?
3 Quelles bananes préférez-vous ?
4 Est-ce que je peux vous aider ?
5 Lequel ?
6 Que désirez-vous ?
7 Laquelle ?
8 Qu'est-ce qu'on va lui acheter ?
9 Quel cadeau vas-tu commander pour ta mère ?

3.3 Public services

Test yourself (p. 51)

Possible answers:
2 Combien y a-t-il sur mon compte ?
3 Où est le distributeur de billets automatique?
4 Est-ce que je peux utiliser ma carte de crédit ?
5 Je voudrais envoyer ce colis. Cela coute combien ?
6 Je voudrais trois timbres pour envoyer des cartes postales en Angleterre.
7 Je vais envoyer ce colis en Espagne. Il va arriver quand ?
8 Est-ce que je peux acheter des timbres de collection ici ?

Test yourself (p. 52)

Possible answers:

	Objet(s) perdu(s)	Où	Quand
1	sac à dos, bleu	à la gare	ce matin vers dix heures
2	gants en cuir	au marché (peut-être)	hier
3	portable Samsung	devant le cinéma	il y a une demi-heure
4	deux clés (de la maison)	rue de la Poste	vers midi

3.4 Natural environment

Test yourself (p. 54)

1 d   2 a   3 i   4 g   5 b\   6 f

Test yourself (p. 56)

Possible answers:
1 Je n'utilise pas trop d'eau et je mets mes déchets verts dans un composteur. C'est bien pour les insectes et, plus tard, on peut utiliser le compost dans le jardin.
2 Quand je ne vais pas très loin, je prends le vélo, car c'est bon pour la santé et l'environnement. Mais quelquefois il faut prendre la voiture, surtout s'il fait mauvais.
3 Je pense que le recyclage est important. Tout le monde doit recycler le verre, le plastique, le carton et le papier au lieu de les jeter avec les ordures ménagères non recyclables.
4 Les sacs en plastique sont dangereux pour les animaux qui peuvent les manger et en mourir. De plus, le plastique ne se dégrade pas facilement.
5 Dans mon collège, on protège l'environnement en économisant l'eau et l'énergie. On n'allume pas la lumière quand il fait beau. Ensuite, on travaille beaucoup sur tablettes pour utiliser moins de papier.
6 Il faut encourager tout le monde à utiliser les transports en commun. Les conducteurs doivent respecter les limitations de vitesse et il devrait y avoir plus de zones pour les piétons.
7 Je protégerai mieux l'environnement en réutilisant autant de choses que possible. Je jetterai très peu de déchets. J'essaierai d'acheter des produits sans emballage.
8 Il y a un mois, j'ai fait une promenade en forêt avec ma famille. Nous avons piqueniqué sous les arbres et c'était très calme. Nous n'y avons pas laissé d'ordures !
9 Les parcs nationaux aident à protéger nos paysages et à conserver la nature dans son état pur. Les touristes peuvent visiter les parcs nationaux mais doivent respecter les zones sensibles.

3.5 Weather

Test yourself (p. 58)

	🌧	🌡☀	🌨	💨	☁	⟳→	☀	🌡☁
1	✓						✓	
2		✓			✓			
3			✓					✓
4						✓		✓
5	✓				✓			
6	✓		✓					

Test yourself (p. 59)

touristes, pays, saison, glaciers, ouverture, eau, été, agriculteurs

3.6 Finding the way

Test yourself (p. 61)

Destination	Numéro
le bureau de poste	8
l'hôpital	10
le commissariat de police	3
le musée	11
le cinéma	2
la piscine	12

Test yourself (p. 63)

1 c 2 f 3 g 4 a 5 h 6 b 7 e 8 d

3.7 Travel and transport

Test yourself (p. 65)

Possible answers:
1 J'irai en avion parce que c'est très loin.
2 J'irai en voiture parce qu'il n'y a pas de transports en commun.
3 J'irai en train parce que c'est rapide et confortable.
4 J'irai en taxi parce que c'est moins cher que le parking.
5 J'irai en bateau parce que c'est plus agréable que l'avion.
6 J'irai en bus parce que je n'ai pas de voiture.
7 J'irai à pied parce que c'est bon pour la santé.

Test yourself (p. 66)

Possible answers:
1 Je préfère aller en ville à vélo parce que c'est gratuit et que cela m'aide à garder la forme.
2 Je préfère prendre le train parce que c'est plus confortable que l'avion et qu'on arrive moins souvent en retard.
3 Je n'aime pas les motos car elles font beaucoup de bruit et polluent l'environnement.

4 J'habite dans un village où il n'y a pas de transports en commun. Dans la ville la plus proche, on vient de construire un tramway.
5 Les transports en commun sont meilleurs pour l'environnement et quand il fait mauvais il est plus pratique de se déplacer en bus qu'en/à vélo.
6 Je viens de prendre le bus pour rentrer à la maison. C'était rapide, cependant il y avait trop de passagers et je n'ai pas trouvé de place assise.
7 Pour aller en Espagne, j'ai pris l'avion. J'ai dû attendu des heures à l'aéroport et j'étais très fatigué(e) quand je suis arrivé(e) à destination.
8 Je pense que j'aurai une voiture et que je l'utiliserai probablement pour aller au travail. Mais si je dois faire un long voyage je prendrai le train.
9 Je ne sais pas si un jour on pourra remplacer les voitures. D'abord, il faudrait améliorer les transports en commun.

4.1 French schools

Test yourself (p. 69)

dorment, apprennent, enseigne, peuvent, commencent, restent, faut, s'appelle

Test yourself (p. 71)

Possible answers:
1 Aujourd'hui, je me lève à six heures et demie, mais quand j'étais à l'école primaire je me levais à huit heures moins vingt.
2 Aujourd'hui, j'apprends la chimie, mais quand j'étais à l'école primaire j'apprenais les mathématiques.
3 Aujourd'hui, j'ai deux heures de devoirs par jour, mais quand j'étais à l'école primaire je n'avais pas de devoirs.
4 Aujourd'hui, ma journée préférée est le mardi, mais quand j'étais à l'école primaire c'était le vendredi.
5 Aujourd'hui, à l'heure du déjeuner, je joue au foot avec mes amis, mais quand j'étais à l'école primaire je jouais à cachecache.
6 Aujourd'hui, mes professeurs sont gentils, mais quand j'étais à l'école primaire ils n'étaient pas sympa.

7 Aujourd'hui, je n'aime pas la récréation, mais quand j'étais à l'école primaire je n'aimais pas le déjeuner.
8 Aujourd'hui, je m'entends bien avec tout le monde, mais quand j'étais à l'école primaire je me disputais souvent avec les autres enfants.

4.2 Further education and training

Test yourself (p. 74)

Possible answers:

	Choix de lycée	Avantage(s)	Inconvénient(s)
Ambre	lycée professionnel	veut/peut apprendre un métier rapidement	quel métier ?
Nolan	lycée général et technologique	peut choisir une carrière plus tard	faible en maths
Éléna	lycée professionnel	plus de travail pratique	plus dur d'aller à l'université

Test yourself (p. 75)

1, 4, 5, 10, 11

4.3 Future career plans

Test yourself (p. 77)

2 Je voudrais devenir commerçant(e) parce que c'est souvent bien payé.
3 Le métier de chercheur/chercheuse m'intéresse parce que je veux travailler à l'étranger.
4 Je ne veux pas devenir professeur(e) parce que je n'ai pas beaucoup de patience.
5 Le métier d'ingénieur(e) ne m'intéresse pas parce que je ne veux pas faire de longues études.
6 Je voudrais devenir moniteur/monitrice de ski parce que j'adore être en plein air.
7 Le métier de photographe m'intéresse parce que c'est varié et ce n'est pas trop stressant.
8 Je ne veux pas devenir vétérinaire parce que c'est moins utile que le métier de médecin.

Test yourself (p. 78)

1 C	3 E	5 G	7 H	9 F
2 I	4 A	6 B	8 D	

4.4 Employment

Test yourself (p. 81)

1 F – Joëlle va bientôt terminer son année sabbatique.
2 V
3 F – Joëlle travaille à Uzès.

4 F – En été il y a beaucoup de touristes à Uzès.
5 V
6 F – Certains touristes étrangers ne parlaient pas bien le français.
7 V
8 F – Joëlle sera touriste à Uzès.

Test yourself (p. 82)

1 h	3 a	5 d	7 e	9 g
2 c	4 i	6 b	8 f	

4.5 Communication and technology at work

Test yourself (p. 85)

Possible answers:
2 Est-ce que je peux parler à Mme Dubois ?
3 Vous avez votre ordinateur portable ?
4 Vous pouvez m'aider ?
5 Est-ce que je peux utiliser votre imprimante ?
6 Vous avez l'adresse e-mail de M. Brassac ?
7 Est-ce que je peux venir vous voir à onze heures ?
8 Mme Grévin pourra-t-elle m'envoyer des renseignements supplémentaires ?
9 La conférence a-t-elle déjà commencé ?
10 Vous pouvez faire une recherche Internet pour moi ?

Test yourself (p. 86)

1 Après avoir sonné à la porte, je suis entrée dans le bâtiment.
2 Après avoir rencontré le recruteur, je me suis assise.
3 Après s'être présenté, le recruteur m'a posé la première question.
4 Après m'avoir demandé pourquoi je voulais le poste, le recruteur m'a écoutée.
5 Après avoir expliqué mes motivations, j'ai parlé de mon expérience professionnelle.
6 Après m'avoir posé encore des questions, le recruteur m'a demandé quand je pourrais commencer.
7 Après être sortie du bureau, j'ai pris l'ascenseur pour quitter le bâtiment.
8 Après m'être dépêchée, je suis arrivée à la gare en avance.
9 Après être rentrée à la maison, j'ai téléphoné à mon petit ami.
10 Après m'avoir écoutée, mon petit ami m'a félicitée.

5.1 International travel

Test yourself (p. 89)

Possible answers:
1 La famille/Elle n'avait pas de voiture.
2 quand elle partait en vacances
3 C'était agréable de regarder le paysage. C'était bon marché.

4 le manque de ponctualité.
5 après avoir commencé son premier boulot
6 les embouteillages
7 pendant ses heures de loisir
8 C'est rapide.
9 les voyages internationaux
10 C'est mauvais pour l'environnement.

Test yourself (p. 90)

1	partis	4	parlait	7	explorer
2	connait	5	détendus	8	mangé
3	organisé	6	faire	9	voudrais

5.2 Weather on holiday

Test yourself (p. 92)

1	F	3	A	5	B	7	H	9	K	11	E
2	D	4	I	6	J	8	C	10	G		

Test yourself (p. 93)

Possible answers:
1 lui avait recommandé ce pays
2 avait annulé le vol
3 n'avait rien mangé
4 avait réservée
5 avait oublié ses vêtements d'hiver
6 avait prévu une tempête
7 avait perdu son passeport
8 avait plu toute la nuit
9 avait dépensé tout son argent
10 s'était passé

5.3 Festivals and faiths

Test yourself (p. 96)

1 vrai
2 faux : Il l'a aimé autant que d'habitude / comme d'habitude.
3 faux: Même le grand-père a jeuné.
4 vrai
5 vrai
6 vrai
7 faux: C'est l'aspect religieux qui compte le plus.
8 faux: C'est un jour aussi important en France que dans le reste du monde.

Test yourself (p. 97)

1	d	3	g	5	h	7	f
2	b	4	a	6	c	8	e

5.4 International menus

Test yourself (p. 99)

Possible answers:
1	réaliser	4	coupé
2	avez	5	Épluchez
3	assaisonner	6	mélanger

7	ajoutez	9	Servez
8	cuire	10	adore

Test yourself (p. 100)

Possible answers:
1 À mon avis, c'est le diner parce que le soir j'ai toujours faim.
2 D'habitude, c'est mon père parce qu'il ne rentre pas tard.
3 Oui, j'aime préparer de la soupe parce que je peux choisir les ingrédients.
4 Mon plat préféré, c'est un curry composé de plusieurs épices et du poulet, servi avec du riz.
5 Je n'aime pas les desserts car je les trouve trop sucrés.
6 Non, pas souvent. Mais nous y allons de temps en temps pour fêter un anniversaire.
7 Chez nous on mange beaucoup de fruits et de légumes. C'est très sain, mais ce n'est pas typique.
8 Nous aimons manger du couscous, c'est un plat qui vient d'Afrique du Nord.
9 Oui, de plus en plus de gens ne mangent pas de viande. Moi, j'en mange peu.

5.5 Environmental problems

Test yourself (p. 103)

1 la pollution de l'air
2 (il y a) trop de circulation
3 encourager les gens à laisser leur voiture à la maison et à utiliser les transports en commun
4 interdire les voitures dans les centres-villes; (prévoir) des parkings gratuits à côté des stations de métro
5 les déchets / les ordures (ménagères)
6 réduire l'utilisation du plastique ; réutiliser les bouteilles

Test yourself (p. 104)

1	climatique	4	habitants	7	moins
2	passer	5	vent		
3	conduire	6	robinet		

Your turn

1.1 My home (p. 106)

Possible answers:

J'habite dans le nord de la France. Ma ville s'appelle Roubaix et elle se trouve à 15 kilomètres de Lille.

Ma maison est assez petite et moderne. Il y a deux étages. Nous avons un petit jardin derrière la maison mais nous n'avons pas de garage.

Samedi dernier, j'ai fait mes devoirs dans la salle à manger. Après cela, toute la famille a déjeuné ensemble. Dimanche, je me suis reposé(e).

J'aime bien ma chambre car j'ai choisi les meubles et sur les murs j'ai des posters de mon groupe préféré.

1.2 My school (p. 106)

Possible answers:
1 Les cours commencent à neuf heures et quart. J'en ai six par jour.
2 Les salles de classe sont modernes et bien équipées. Le terrain de sport est grand.
3 En général, j'aime mon collège. J'ai beaucoup d'amis et les profs sont sympa.
4 J'ai bien aimé la biologie parce que j'ai beaucoup appris sur les animaux.
5 Je voudrais venir en classe avec toi. Ce sera très intéressant.

1.3 My eating habits (p. 106)

1 B	3 B	5 C	7 C
2 A	4 B	6 C	

1.4 My body and my health (p. 107)

marcher, C; s'entrainer, F; faire du vélo, A; manger, D; boire, E

2.1 Self, family, pets, personal relationships (p. 107)

Possible answers:

Ma meilleure amie s'appelle Emma. Elle est petite et elle a de longs cheveux châtains. Elle est sympa et toujours souriante.

Quand je suis avec Emma et mes autres amis nous bavardons et nous allons au cinéma. On s'amuse bien.

Je m'entends assez bien avec ma famille. Mon père est patient et généreux. Ma belle-mère est gentille. Mon petit frère peut être un peu bruyant.

Le weekend dernier, je suis allée à la plage avec ma famille. Nous nous sommes baignés et nous avons mangé dans un petit restaurant.

2.2 Life at home (p. 108)

surfer sur Internet, E; écouter de la musique, A; regarder la télé, C; jouer de la guitare, F; faire du jardinage, B

2.3 Leisure, entertainments, invitations (p. 108)

Possible answers:
1 Normalement, je fais mes devoirs et je regarde la télévision.
2 Oui, j'aime jouer au tennis. C'est bien d'être en plein air.
3 Je suis allé(e) en ville avec mes amis. Nous avons fait du shopping.
4 Oui, c'est une bonne idée. Je voudrais voir un film français.
5 S'il fait beau, j'aimerais faire une promenade ou me détendre dans le jardin.

2.4 Eating out (p. 108)

a 3	b 1	c 6	d 5

2.5 Special occasions (p. 109)

Possible answers:

Je fais la fête de temps en temps pour célébrer un anniversaire ou quand une copine vient de réussir un examen important.

Je préfère faire la fête avec ma famille parce que nous nous entendons très bien et que mes deux frères aiment la même musique que moi. Mais j'aime aussi inviter des amis.

Il est plus facile de faire la fête chez moi et cela coute moins cher aussi. Mais quelquefois c'est bien de sortir. On peut louer une salle à la Maison des jeunes.

J'ai organisé une fête pour mes 16 ans. J'avais invité une dizaine d'amis. Nous avons joué à des jeux et nous avons dansé en écoutant mon groupe préféré. Tout le monde s'est bien amusé.

Quand je serai plus âgé(e), j'espère que je fêterai les anniversaires, surtout si un jour j'ai des enfants.

2.6 Going on holiday (p. 109)

Possible answers:
1 D'habitude, je pars en vacances avec ma famille, c'est-à-dire avec ma mère, mon beau-père et mon grand frère.
2 Je pars en vacances au mois de juillet, pour deux ou trois semaines, quand ma mère ne travaille pas.
3 L'année dernière, je suis allé(e) à Paris avec ma famille. Nous avons pris L'avion parce que c'est très loin de chez nous.
4 Je voudrais essayer un nouveau sport comme le ski nautique parce que je n'en ai jamais fait. Mais je veux aussi me reposer.
5 C'est bien de partir en vacances, mais j'aime ma maison et ma chambre et quand je pars à l'étranger je ne vois pas mes amis.

2.7 Family and friends abroad (p. 109)

1 C	3 B	5 B	7 B	9 C
2 A	4 A	6 B	8 A	

3.1 Home town and geographical surroundings (p. 110)

Possible answers:
1 Je voudrais voir la vieille ville et la place du Marché.
2 Oui, c'est une bonne idée, surtout s'il fait mauvais.

3 Oui, je veux bien aller au théâtre ce soir. J'aime l'ambiance des théâtres.
4 Oui, j'ai déjà visité Lyon. C'était intéressant mais trop grand et bruyant pour nous.
5 Ma famille et moi, nous habitons dans un petit village. Il y a moins de sites historiques chez nous.

3.2 Shopping (p. 111)
Possible answers:
1 samedi matin
2 pour son père
3 Son père adore lire (pendant les vacances).
4 Elle était fermée.
5 Je n'aimais pas la couleur des pullovers.
6 Elle a piqueniqué.
7 à côté de la poste
8 Il était trop cher.
9 Il n'y avait pas sa pointure
10 à pied

3.3 Public services (p. 111)
Possible answers:

J'utilise tous les jours Internet pour envoyer des e-mails et pour faire des recherches. Quelquefois j'achète des vêtements en ligne. De temps en temps, je télécharge de la musique.

Pour la communication, les e-mails sont plus rapides que le courrier postal. C'est utile quand on n'a pas beaucoup de temps. En plus, cela ne coute rien.

Je vais assez souvent à la bibliothèque parce que j'aime lire et que je peux emprunter des livres intéressants. Mon collège possède une grande bibliothèque.

À Noël, j'ai reçu un gros paquet. C'était un cadeau de ma grand-mère et j'ai été très content(e) de l'ouvrir. C'était une agréable surprise.

Demain, j'écrirai une lettre à ma grand-mère pour la remercier de son cadeau. Je vais lui raconter ce que j'ai fait pendant les vacances de Noël. Elle aimera cela.

3.4 Natural environment (p. 112)
1	B	3	A	5	A	7	A	9	B
2	B	4	C	6	B	8	C		

3.5 Weather (p. 113)
Possible answers:
1 Dans ma région, en été, il fait assez chaud, mais il pleut de temps en temps.
2 La semaine dernière, il a fait très froid. Je suis resté(e) à la maison et j'ai regardé un film.
3 S'il fait beau le weekend prochain, je ferai une promenade à vélo avec mes amis. Après cela, je piqueniquerai dans le parc.

4 On dit qu'il fait moins froid en hiver et qu'il y a plus de tempêtes. On entend aussi dire que les quatre saisons sont moins distinctes.
5 Il faut consommer moins d'énergie et réduire les émissions de CO_2. Les transports routiers sont un problème et il faudrait encourager l'utilisation des véhicules électriques.

3.6 Finding the way (p. 113)
Possible answers:

Il y a trois semaines je suis parti(e) en voyage scolaire à Paris. Nous y sommes restés quatre jours et nous étions vingt élèves et cinq adultes.

Nous avons visité les sites les mieux connus comme la tour Eiffel et la cathédrale de Notre-Dame. Pour nous déplacer, nous avons pris le métro.

C'était facile de prendre le métro, mais une fois, en sortant d'une station de métro, nous avons pris le mauvais chemin. Heureusement, nous avions un plan de la ville.

Je voudrais retourner à Paris parce que je n'ai pas tout vu en quatre jours et que c'est une ville fascinante. La prochaine fois, j'espère y aller avec ma famille.

Quand je suis dans une ville que je ne connais pas, il est plus facile d'utiliser mon smartphone, mais un plan peut aussi être utile.

3.7 Travel and transport (p. 113)
1	C	3	C	5	B	7	A
2	A	4	A	6	C		

4.1 French schools (p. 114)
1	AE	2	DE	3	AB

4.2 Further education and training (p. 115)
Possible answers:
1 Au collège, je préfère les maths et les sciences, parce que les profs sont patients et que les cours sont intéressants.
2 Au lycée, je voudrais étudier les sciences parce que j'aime faire des expériences. J'espère aussi apprendre une nouvelle langue.
3 En allant à un lycée général et technologique on peut préparer le bac technologique, et c'est bien pour les élèves comme moi qui aiment les sciences.
4 Oui, j'espère aller à l'université. Je voudrais étudier la médecine, peut-être à l'étranger. Je suis prêt(e) à travailler dur.
5 J'ai l'intention de devenir médecin. Ma mère travaille dans un hôpital et je voudrais suivre la même carrière.

4.3 Future career plans (p. 115)

Possible answers:
1. devenir musicien professionnel
2. Ce sont des métiers instables. / pas de stabilité
3. sa mère
4. journaliste
5. des études supérieures
6. Les études sont trop longues. Elle n'a pas envie de travailler dans un hôpital.
7. à sa voisine (qui est pharmacienne)
8. un emploi bien payé
9. Il s'intéresse aux langues.
10. (Il a aimé) des cultures différentes. (Il a aimé) le climat (du Sud).

4.4 Employment (p. 116)

Possible answer:

Monsieur, madame,

Je voudrais poser ma candidature pour le poste de cuisinier/cuisinière dans votre station de ski. J'ai vu l'annonce sur votre site web et je me suis renseigné(e) sur vos activités.

Je cherche un emploi pour les vacances d'hiver cette année. Je pourrais commencer le 15 décembre et je serai libre jusqu'au 10 janvier.

J'adore faire du ski et j'aime aussi faire la cuisine. Mais je veux surtout travailler dans un pays francophone pour perfectionner mon français. Je suis sociable et patient(e).

J'ai déjà travaillé dans un café au centre-ville, pas loin de chez moi. J'y ai travaillé quatre semaines pendant les grandes vacances. Cela s'est bien passé.

Quand j'aurai fini mes études je veux m'installer à l'étranger parce que j'adore les langues étrangères et que je m'intéresse à des cultures différentes.

4.5 Communication and technology at work (p. 116)

1 B   2 D   3 C   4 A   5 D   6 B

5.1 International travel (p. 117)

Possible answers:
1. Quand je vais à l'étranger, je préfère prendre le train parce que je peux parler avec les autres passagers et me relaxer.
2. L'essence coute cher et dans certains pays il faut payer pour prendre l'autoroute. En plus, il y a le risque d'embouteillages et d'accidents.
3. Le taxi peut être utile quand on n'a pas beaucoup de temps. Quand j'étais à Paris, j'ai pris le taxi pour traverser la ville et c'était très rapide.
4. L'année dernière, j'ai participé à un voyage scolaire. Malheureusement, notre car est tombé en panne et nous avons dû attendre deux heures.
5. Je pense que je prendrai l'avion. J'ai l'intention d'aller à Majorque et si je ne choisis pas l'avion, il faudra prendre le ferry, mais la traversée dure plus de 10 heures.

5.2 Weather on holiday (p. 117)

1 A	3 B	5 B	7 C
2 C	4 A	6 A	

5.3 Festivals and faiths (p. 118)

Possible answers:

Ma fête préférée, c'est la Saint-Sylvestre, c'est-à-dire le Nouvel An. Tout le monde fait la fête et on retrouve des amis de longue date. C'est aussi le moment de prendre de bonnes résolutions.

L'année dernière, mes cousins ont passé quelques jours chez nous. C'était bien de discuter de l'année passée. À minuit, on s'est souhaité une bonne année en s'embrassant.

L'année prochaine, je vais célébrer l'Aïd-el-fitr avec ma copine qui est musulmane. Nous partagerons un repas délicieux et nous échangerons des cadeaux avec sa famille.

Je préfère célébrer les fêtes avec ma famille parce que certains membres de la famille habitent loin de chez nous et que nous nous retrouvons rarement tous ensemble.

Je pense que ce serait dommage si nous arrêtions d'observer les fêtes traditionnelles. Cela fait partie de notre culture et les fêtes offrent une occasion de passer de bons moments ensemble.

5.4 International menus (p. 118)

1 C   2 A   3 D   4 B   5 B   6 D

5.5 Environmental problems (p. 119)

Possible answers:
1. Je recycle un maximum d'ordures ménagères et j'essaie de ne pas gaspiller d'eau.
2. C'est la pollution de l'air. Si l'air est pollué on peut avoir du mal à respirer. C'est un problème pour les personnes âgées.
3. Nous avons une ligne d'autobus et les tarifs sont raisonnables. Mais les bus ne circulent pas le soir.
4. On a construit des pistes cyclables pour encourager les déplacements à vélo. On a interdit la circulation des voitures dans certaines rues.
5. Il faut réduire les émissions en développant toutes les formes d'énergie renouvelable. Le gouvernement doit offrir une réduction sur le prix des voitures électriques.